KB005233

미래, 모빌리티

미래, 모빌리티

발행일 ; 제1판 제1쇄 2023년 6월 12일
지은이 ; 김민형 발행인·편집인 ; 이연대
CCO ; 신아람 에디터 ; 이다혜
디자인 ; 권순문 지원 ; 유지혜 고문 ; 손현우
펴낸곳 ; ㈜스리체어스 _ 서울시 중구 한강대로 416 13층
전화 ; 02 396 6266 팩스 ; 070 8627 6266
이메일 ; hello@bookjournalism.com
홈페이지 ; www.bookjournalism.com
출판등록 ; 2014년 6월 25일 제300 2014 81호
ISBN ; 979 11 92572 99 4 03300

북저널리즘은 환경 피해를 줄이기 위해
폐지를 배합해 만든 재생 용지 그린라이트를 사용합니다.

BOOK
JOURNALISM

미래, 모빌리티

김민형

: 한국에서 '자가용'은 곧 자동차였다. 개인의 사회적 지위인 동시에 과시 소비의 상징이었다. 그러나 자차의 유무, 자차의 품격과 성능이 전부이던 시대는 지나가고 있다. 공유경제의 등장과 함께 자동차에서 모빌리티로의 전환은 삶의 전반을 바꾸고 있다. 융합의 모빌리티 시대, 첨단 기술과 비즈니스의 관점으로 미래를 읽는다.

-- 차례

프롤로그   투자를 부르는 시장

모빌리티 산업은 2010년대 초부터 전 세계 투자 업계를 뜨겁게 달궜다. 글로벌 모빌리티 산업은 2009년부터 2020년까지 2600억 달러, 한화 338조 원에 해당하는 투자를 받아 왔다.[1] 국내에도 마찬가지로 모빌리티 투자 붐이 일어났다. 대표적으로 카카오모빌리티는 2017년 출범 후 TPG 컨소시엄으로부터 5000억 원을 유치한 데 이어 2021년 글로벌 투자사 칼라일 그룹으로부터 약 2200억 원의 추가 투자를 받기도 했다. 투자는 자연스럽게 모빌리티 성장을 견인했고, MaaS·LaaS·TaaS 영역에서 모빌리티 산업의 확대와 변화를 이끌었다.

신생 기업의 등장도 모빌리티 산업에 대한 관심을 촉발했다. 2010년 시장에 나온 우버Uber, 리프트Lyft와 같은 스타트업에 이어 테슬라를 필두로 전기차 시장으로의 전환을 겪었다. 국내 쏘카 및 카카오택시 등은 10여 년이 지난 지금에야 그 결실의 일부를 맺고 있다.

'모빌리티'라는 단어가 나오기 전까지 이 시장은 자동차 중심이었다. 자동차 밸류 체인의 관점에서 전방 산업과 후방 산업으로 구분됐고 핵심은 자동차 판매였다. 그러다 모빌리티 시장으로 전환하며 회사의 지형에도 많은 변화가 나타났다. 해외에서는 자동차 혁신으로 대변되는 테슬라가 기존 OEM 회사들이 하지 못했던 SDV(Software Defined Vehicle), 말하자면 전기차 분야에서 성공을 거둘 뿐 아니라 데이터, 위성 통신, 인공지능, 자율 주행과 같은 새로운 사업 분야에서도 성과를 내고 있다. 가까운 국내에서 살펴보면 현대자동차 중심의 자동차 산업은 모빌리티 플랫폼이라 불리는 카카오모빌리티, 쏘카, 티맵모빌리티와 같은 회사를 중심으로 이동의 시대를 선두하고 있다. 더욱이 2022년 쏘카의 상장과 2023년 카카오모빌리티의 영국 모빌리티 플랫폼 스플리트Splyt 인수는 중요한 변곡점이 됐다.

코로나19 확산이 줄어든 2022년 초부터, 금리 인상과 우크라이나 전쟁 등 대내외적 변수로 모빌리티 시장은 전반적인 침체 조짐을 보였다. 2022년 6월 배달 및 생활 편의 서비스 '띵동'을 운영하던 허니비즈의 파산은 경기 둔화 우려를 실감하게 했다. 그렇다고 모빌리티 산업 전체가 침체를 보인 것은 아니다. 지난해 반도체 공급 이슈가 있음에도 불구하고 자동차 제조업은 최대 실적을 냈고 연간 밀린 자동차 주문만 120만 대를 넘으며 역대급 실적을 기록했다. 데이터 사업, 자율 주행, 로봇, 전기차, 충전 및 에너지, UAM 등의 영역에서도 지속적인 투자가 이뤄지고 있다. 플랫폼을 통해 디바이스를 연결하는 사업 또한 성장할 것으로 예상한다.

모빌리티 산업은 넓고 다양하다. 하나의 산업군에서 본연의 사업을 유지하고 성장시키는 전략은 구시대적인 것이 됐다. 모빌리티 산업은 점차 기타 사업과의 경계를 허물고 '모빌리티'가 아우르는 영역 자체를 확장하고 있다. 이처럼 산업 간의 융합과 협업이 활발해지는 상황에서, 이 책은 모빌리티의 시작과 변화 그리고 그 중심에 선 다양한 산업들을 다룬다. 많은 기업이 모빌리티 카테고리로 분류되지만, 자세히 살펴보면 각 산업의 특징과 영역은 명확히 다르다. 각 산업의 시장 현황과 주요 사업자 및 사업 구조를 비교하며 살피겠다.

신입 사원 시절, 금융 위기를 겪으며 대기업을 퇴사한 임원분들이 회사 업무와 전혀 상관없는 삶을 사는 것을 바라보며 회사의 이름은 나의 것이 아님을 깨닫는 순간이 찾아왔다. 결국 회사원의 삶은 그 자신의 경쟁력에 성패가 달렸다는 믿음과 함께, 직장 생활 5년 차에 MBA에 가고자 첫 번째 퇴사를 결심했다. 이후 15년간 세 번의 이직을 겪으며 항공사, 렌터카 업체부터 자동차 제조사까지 다양한 모빌리티 산업에서 경험을 쌓았다.

시스템 개발, 운영, 신규 플랫폼 및 서비스 기획, 영업 관리와 제휴, 사업 기획, 사업 개발 등 복잡 다양한 직무를 거치며 내가 보고 느낀 업계의 동향을 기록했다. 이 책은 그 기록들을 하나로 엮어, 모빌리티 산업의 지난 15년을 정리하고 다음 15년을 준비하는 책이다. 나와 비슷한 일을 하는 종사자들 혹은 모빌리티 산업에 관심 있으신 독자분들에게 짧게는 3개월, 길게는 2년가량 각각의 직무를 맡으며 쌓은 업계 인사이트와 노하우를 공유하고자 한다. 또한 이 산업에 진출하거나, 기존 모빌리티에서 새로운 모빌리티 영역으로 사업을 확장하려는 분들에게 도메인 지식을 제공하겠다. 그리고 궁극적으로는 다가오는 융합의 모빌리티 시대에 대비할 인사이트를 드릴 수 있기를 기대한다.

모빌리티 시대의 탄생

자가용 시대가 저물다

한국에서 '자가용'은 곧 자동차였다. 자가용의 사전적 의미는 '영리를 목적으로 하지 않고 개인 또는 개인의 가정에서 쓰임'이지만, 사실상 '자동차'를 지칭하는 단어로 통용됐다. 개인의 사회적 지위를 의미하는 동시에 과시적 소비의 대상이었다. 그러나 자차의 유무, 자차의 가격과 품격, 성능이 자동차 수식어의 전부이던 시대는 지나가고 있다. 공유경제의 등장과 함께 사람들은 자동차를 '모빌리티'로 부르기 시작했고, 자가용은 보다 많은 사회·경제적 의미를 내포하기 시작했다.

'공유경제'라는 개념은 미국 하버드대학교의 마틴 와이츠먼 교수가 1984년 〈공유경제: 스태그플레이션을 정복하다The Share Economy: Conquering Stagflation〉라는 논문을 발표하면서 처음 등장했다. 이후 2008년 리만 브라더스 사태로 촉발된 세계 경제 위기와 IT 기술의 발달, 소셜 미디어 중심의 개인 간 소통이 활발해지며 공유경제 개념은 대중화되기 시작했다. 미국발 금융 위기는 세계적인 저성장과 높은 실업률을 야기했고, 전 세계 실질 소득도 낮아졌다. 저소득은 소비 위축으로 이어지며 합리적 소비를 유도했다. 동시에 IT 기술의 발전은 사람과 사람 사이를 매끄럽게 연결하며 개인 간 거래가 활성화됐다.

단순히 서로 물품을 대여해 주는 경제 활동을 넘어, 물건이나 공간, 서비스를 빌리고 나눠 쓰는 인터넷 기반의 사회적 경제 모델이 발달하고 있다. 지인 간의 거래가 기술 발달을 통해 지역으로 확장했다. 합리적인 소비 패턴이 강해지며 공유 목적의 거래가 일상 전반으로 퍼졌다. 기술 발전과 합리적 소비 성향, 이 두 가지 요소가 만나며 공유경제라는 학술 용어가 대중의 생활로 침투한 것이다.

만남이라는 가치를 매개로 음식을 공유하는 이스라엘 스타트업 잇위드EatWith는 대표적인 공유경제 서비스다. 요리 솜씨 좋은 지역 주민이 여행자 혹은 이웃을 자신의 집에 초대하고, 처음 만나는 사람들끼리 식사할 수 있는 장을 만들어 준다. 여기서 서비스 공유자는 요리 수업을 제공하고, 고객은 만남과 음식을 얻는다. 태스크래빗TaskRabbit은 재능 공유 서비스를 만드는 스타트업이다. 여기서 '재능'은 전문가만의 것에 한정되지 않는다. 청소, 쇼핑, 옷장 정리, 줄서기 등 다양한 종류의 태스크를 필요로 하는 사람들에게 해당 분야의 재능과 시간을 가진 사람을 연결해 준다. 여기서 서비스 공유자는 재능을 제공하고, 고객은 시간과 비용을 절약한다.

저성장 시대의 합리적인 소비 방식으로 떠오른 공유경제는 모빌리티 영역에도 적용되기 시작했다. 자동차 혹은 이동 디바이스 자체를 공유하는 형태의 서비스가 비슷한 시기에 등장하며, 자동차에서 모빌리티라는 공유경제로의 전환은 시대적 흐름이 됐다.

아날로그에서 디지털로

2010년대에 들어서며 온·오프라인을 연결하는 O2O 기반의 모빌리티 서비스들이 국내외를 막론하고 대거 등장했다. 대표적으로 음식 배달이 있다. 유럽의 음식 배달 1위 업체 저스트잇테이크어웨이Just Eat Takeaway는 2020년 1월 테이크어웨이Takeaway가 저스트잇Just Eat을 인수하며 배달계의 독보적인 1위 사업자가 됐다. 미국의 경우 도어대시DoorDash와 우버이츠UberEats가 음식 배달 비즈니스의 주류를 이루고 있으며 2020년 6월 기준 각각 시장 점유율 45퍼센트, 22퍼센트를 보였다.

호출형 승차 공유 개념인 라이드 헤일링ride hailing도 부상했다. 2008년 출범한 미국 우버와 2012년 출범한 말레이시아 그랩Grab이 대표적이다. 우버는 자사 소속 자동차나 공유 차량을 승객과 연결해, 고객이 원할 때 자동차를 호출하는 온디맨드on-demand 성격의 서비스를 제공했다. 유사한 형태로 그랩은 택시, 승용차, 오토바이 등을 호출하는 서비스를 제공하며 동남아 지역을 중심으로 성장했다.

차량 이용 효율을 극대화하는 카셰어링car sharing도 등장했다. 짚카ZipCar는 사용 가능한 자동차를 검색하고 전화 및 인터넷 예매 등을 통해 시간 단위로 자동차를 이용하는 서비스다. '초단기 렌탈'이라고도 불리는 이 서비스는 고객에게 시간 단위로 자동차를 제공하며 차량 이용의 시간적 가치를 극대화했다. 경쟁사 플랙스카Flexcar를 2008년, 아방카Avancar를 2011년에 인수하며 빠르게 성장했고 이후 2013년, 미국 자동차 렌탈 에이전시 에이비스버짓AVIS Budget그룹에 인수되며 또 한 번 전환기를 맞기도 했다.

국내에서도 공유경제 기반의 한 다양한 모빌리티 서비스가 2010년 초반부터 확대되기 시작했다. 대표적으로 쏘카와 카카오택시, 모두의주차장은 각각 2011년 11월, 2013년 8월 그리고 2015년 1월 서비스를 출시하며 시장의 변화를 시도했다. 그중 쏘카는 미국의 짚카와 유사한 형태로, 이용자가 특정 장소에서 대여가 가능한 자동차를 검색해 차량 대여와 반납을 진행하는 프리플로팅Free-Floating 카셰어링을 도입했다. 무인 및 주요 거점 주차장을 대여 및 반납 장소로 활용하며 고객의 접근성도 크게 높였다. 카카오택시의 경우 우버와 비슷한 서비스를 제공했으나, 차량 소유주가 아닌 택시 기사와 승객을 연결해 준다는 점에서 차이가 있었다. 해당 서비스는 소위 업계 용어로 '길빵', 즉 도로에서 한없이 대기하거나 돌아다니는 무작위 영업 방식에서 앱을 통한 호출로 배회 없이 승객을 확보할 수 있게 하며 택시 업계의 영업 형태를 크게 변화시켰다. 모두의주차장은 주차 가능한 곳을 사전에 검색하거나 예약하는 서비스를 제공해, 빈 주차장과 고객과 연결해 준다. 유휴 주차 공간을 활용한 이 서비스를 통해 고객은 '저렴한 주차비'라는 가치를, 주차장 입장에선 '추가 수익 창출'이라는 가치를 얻는다. 이러한 모빌리티 플랫폼 서비스의 출현은 새로운 사업 영역을 만들며 자동차 중심에서 모빌리티 중심의 산업으로 변화를 이끌고 있다.

이에 따라 모빌리티 산업의 아날로그 소통 방식 또한 빠르게 디지털 전환을 겪고 있다. 예를 들어 문서 기반으로 하루 단위 이상 차량을 대여하거나, 전화로 택시를 예약하던 모빌리티 서비스는 플랫폼을 이용해 시간 단위로 차량을 예약하는 서비스로 변했다. 더욱이 플랫폼을 통해 사용자가 남긴 이용 기록을 통해 서비스 이용 예측을 고도화하고 새로운 서비스를 개발한다. 사용자 접근성을 높였고 개인화를 이뤄냈다. 아날로그로 돌아가지 못할 만큼의 편리한 고객 경험을 제공하기 시작한 것이다.

본질에 집중하다

모빌리티의 핵심 가치는 이동이다. 기존 산업에서 모빌리티는 '자동차'에 한정된 개념이었다. 하지만 공유경제 대중화와 IT 기술 발전이 만나며 자동차라는 사물이 아닌, 자동차가 제공하는 서비스 즉 '이동'에 집중하기 시작했다. 이에 디바이스 관점에서 모빌리티란 자동차를 넘어 이륜, 사륜, 로봇, UAM 등 이동을 가능하게 하는 모든 수단으로 확장했다.

서비스 관점에서도 차량을 이용하는 방식과 채널이 다양해졌다. 예를 들어 지하철 8호선 암사역과 5호선 굽은다리역 사이, 1.5킬로미터 직선 거리를 이동한다고 가정하자. 시간적 여유가 없는 40대 남성은 택시를 이용할 것이고, 신체활동을 원하는 20대 여성은 킥보드를 이용할 확률이 높다. 시간적 여유가 많은 60대 남성은 지하철을 이용할 것이고, 걷는 것을 즐기는 30대 여성은 도보로 이동할 수도 있다. 이처럼 모빌리티 시대는 소비자 조건에 따라 다양한 이동 경험을 연출하게 됐다.

가치 사슬에서도 자동차 산업과 모빌리티 산업은 차이를 보인다. 기존 산업은 자동차 오너owner 중심의 판매, 보험, 유지·보수 등이 위주였다. 그러나 고객 집단이 세분화됨에 따라 모빌리티 서비스는 차량 호출과 카셰어링, 배달 등 여러 갈래로 확대됐다. 이 차이는 특히 서비스 영역에서 드러난다. 자동차 시대의 오너는 자동차를 잘 관리하고 이용하는 데 그쳤지만 모빌리티 시대의 산업은 종류와 시장 규모 면에서 훨씬 커졌을 뿐 아니라 유저 중심으로 이뤄지게 됐다.

다음 페이지의 그림과 같이 자동차 중심의 모빌리티 산업은 원재료, 소재, 부품, 제조, 유통, 이용, 중고차, 폐차 등의 과정으로 이뤄졌다. 간단히 말해 자동차를 만드는 전방 산업과, 자동차를 이용하는 후방 산업으로 구분됐다. 반면 이동 중

자동차 산업의 가치 사슬

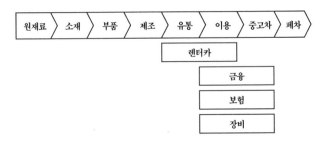

심의 모빌리티 산업은 제조, 서비스, 플랫폼 세 단계로 나뉜다. 제조 산업에선 모빌리티 이동 수단 및 유관 제품을 제조·생산한다. 여기서 만든 제품의 이용 및 부가 가치를 제공하는 것이 서비스 산업이다. 서비스 산업은 유·무형 모빌리티 자산으로 가치를 창출하는데, 최근 언급되는 모빌리티 산업의 대부분이 바로 이 서비스 산업에 속한다. 카카오택시의 차량 호출, 쏘카의 카셰어링, 티맵 지도의 내비게이션 등이 대표적이다. 마지막으로 플랫폼 산업은 고객 중심적 사고를 바탕으로 고객 편의와 연결을 중심에 둔다. 서비스와 고객 간 접점을 만들어 모빌리티 이용의 편리성을 극대화하는데, 카카오 T를 운영하는 카카오모빌리티가 대표적 플랫폼사업자다.

모빌리티 산업의 가치 사슬

모빌리티 제조	모빌리티 서비스				모빌리티 플랫폼
자동차(승용, 사용)	렌터카	택시 호출	대리 운전	주차	MaaS 플랫폼
전기 오토바이, 킥보드(자전거)	세차	유지 보수	배달	버스	Taas 플랫폼
UAM, 충전기	카셰어링	PM	주유 충전	커머스	Laas 플랫폼
–	보험	금융	내비	–	

만들고 제공하고 수집하기

모빌리티 산업은 점차 커지고 있다. 이동 디바이스 산업에선 자동차, 비행기, 자전거, 오토바이 등 디바이스 자체를 다루는가 하면, 에너지 등을 관리하는 인프라 산업, 솔루션과 플랫폼을 제공하는 소프트웨어 산업 모두 포함된다. 이외에도 차량 금융, 정비, 카셰어링 등 이동과 관련된 모든 산업이 모빌리티 산업에 해당한다. 이 산업들은 크게 제조, 서비스, 플랫폼 산업 세 가지로 나뉜다.

제조 산업

2022년 7월, 현대엘리베이터는 2030 미래 비전 선포를 통해

"Mobility To Possibility"라는 슬로건을 내세웠다. 엘리베이터 제조사가 왜 모빌리티라는 단어를 택했을까? '이동'이라는 가치에 집중한다면 이해가 쉬울 것이다. 1층에서 10층까지 이동하기 위해 우리는 엘리베이터란 디바이스를 이용한다. 짧게는 수십 초, 길게는 몇 분의 시간을 엘리베이터 공간에서 소비한다.

엘리베이터를 비롯해 이동에 관한 제품을 제조하는 모든 산업은 모빌리티 제조 산업에 해당한다. 모빌리티 제조 산업은 과거 전통적인 산업의 근간을 이뤘다. 대부분의 수익 모델은 일회성 판매 기반으로, 상품을 한 번 고객에게 제공한 뒤 그 대가를 지불받는 가장 오래된 수익 모델 중 하나다. 주요 상품은 자동차나 킥보드, 이륜차와 같은 이동 디바이스이며 자동차 관련 부품이나 충전기, 배터리 등도 판매한다.

제조업은 전통적인 산업의 특징을 띄는 만큼, 원가를 절감하고 노동 생산력을 향상하는 것이 핵심이다. 예를 들어 현대차의 전기차 전용 플랫폼(E-GMP·Electric-Global Modular Platform)은 전기차 제작 시 필요한 부품을 표준화해 원가 절감을 유도했다. 플랫폼의 모양이 스케이트보드를 닮았다고 하여 '스케이트보드 플랫폼'으로도 불리는 이것은 전기차의 핵심 부품인 배터리와 모터 등을 모듈 형태로 얹고 그 위에 용도에 따라 상부 차체를 올려, 다양한 전기차를 생산할 수 있다는 게 장점이다.

생산 과정을 표준화하거나 공장을 해외로 이전하는 방식도 시도한다. 르노자동차는 1926년 이래 벨기에 공장에서 자동차를 생산해 유럽 시장에 판매하고 있다. 한 공장-두 제품, 한 제품-두 공장 생산 원칙을 통해 공장 내 분규로 발생하는 전체 생산 마비를 막고자 했다. 다만 공장이 자동화, 현대화됨에 따라 기존 원칙에서 중복 투자, 물류의 복잡함 등이 문제로 대두됐고 그 결과 생산 비용이 늘었다. 결국 비용 대비 효율의 논리에 따라 1997년 벨기에 공장은 폐쇄됐다. 대신 인건비가 30퍼센트 저렴하고 자동차 조립 시간이 15퍼센트 짧은 프랑스 두에와, 인건비가 70퍼센트가량 저렴한 스페인 팔렌시아 공장에 생산을 집중시켰다.

무엇보다 제조 산업의 가장 중요한 미래 동력은 기술 혁신이다. 대표적으로 테슬라의 영업 이익율이 2020년 6.3퍼센트에서 2021년 12.1퍼센트로 오른 것에는 기가 프레스Giga Press 기술이 크게 공헌했다. 기가 프레스는 차량 제작 시 기존 완성차처럼 수십 개의 금속 패널들을 용접해 연결하는 게 아니라, 거대한 하나의 금속판을 틀에 넣고 높은 온도와 압력으로 캐스팅해 온전한 하나의 바디를 만드는 공법이다. 쉽게 말해 커다란 차체를 한 번에 찍어 내는 방식이다. 이를 통해 차체 생산과 용접 공정의 과정을 간소화하고 인력이 적게 들어 비용을 줄일 뿐 아니라 공정 자체가 줄어들어 불량률을 낮출 수 있다.

서비스 산업

한번은 서울 강동구에 위치한 홈플러스에 방문했을 때 지하 4층 주차장에 BMW AS센터가 있는 것을 보고 놀란 기억이 있다. 생각하지도 못한 곳에서 BMW 차량 수리 및 소모품 교환, 경정비 서비스 등을 제공하고 있었다. 마트에서 물건을 사거나 영화를 관람하는 시간 동안 자동차 정비 서비스도 받을 수 있다고 생각하자, 주차장은 단순히 자동차가 머무는 물리적 공간을 넘어 다양한 편의를 제공받을 수 있는 서비스 센터로 생각됐다.

이처럼 모빌리티 서비스 산업은 제조 단계에서 생산한 제품으로 유·무형의 부가 가치를 만들어 고객에게 제공하는 산업이다. 여기서 부가 가치는 종류와 방식에 따라 그 가능성이 무궁무진한데, 그만큼 서비스 산업을 하는 기업은 종류도 다양하고 성장 가능성도 크다.

대표적으로 자동차 구입, 렌트, 주차 부문 등이 해당된다. 소비자는 다양한 방식으로 차량을 구입할 수 있다. 일시불로 차량을 구입하기도 하고, 할부로 차량을 사기도 한다. 혹은 리스lease 방식으로 차량을 소유할 수 있다. 대표적인 회사로 현대캐피탈, KB캐피탈이 있다.

렌트를 원할 경우도 마찬가지다. 렌트 업체는 소비자가 차량을 원하는 시간, 장소, 기간에 따라 서비스를 제공한다. 장기 차량 렌트를 원하는 고객은 장기 렌터카 상품을 이용하고, 30분 단위로 차량 빌리고 싶은 경우 카셰어링 서비스를 선택한다. 롯데렌탈, SK렌터카, 쏘카가 직접 차량 렌탈을 제공하는 반면 카모아, 카카오 T 렌터카, 뽕카, 렌카 등은 렌트 서비스와 고객을 중개해 준다.

위에서 언급한 주차장 서비스 역시 중요하다. 2014년 한국교통안전공단 통계에 따르면 비사업용 차량의 하루 평균 이동 거리는 35킬로미터로, 많은 자동차는 하루 중 대부분의 시간을 주차장에서 보낸다. 즉, 소비자가 자동차를 주차해 둔 시간 동안 제공할 수 있는 부가 서비스는 무궁무진하다. 대표적인 서비스사로는 하이파킹과 카카오 T 파킹이 있다.

서비스 사업의 관건은 고객이 무형적으로 느끼는 가치를 차별화하는 것이다. 모빌리티 서비스 산업에 속한 기업 대부분이 동일한 혹은 유사한 유형 상품과 기술을 가지고 있기 때문이다. 필자가 2018년 롯데렌탈에서 장기 렌터카의 영업 업무를 맡았을 때 고객에게 어필한 것은 타사에 없는 카드 결제 서비스였다. 현금으로만 장기 렌터카 요금 결제가 가능하던 것이 당시 장기 렌터카 고객들의 페인 포인트였고, 이 점에

착안해 자사가 카드 결제를 제공하는 업계 유일 서비스라는 점을 강조하는 마케팅 전략을 펼쳤다.

서비스 산업은 제조 산업과 달리 수익 모델이 다양한 것이 특징이다. 제조 산업처럼 서비스 1회를 제공하고 대가를 받는 모델도 있는 반면, 서비스를 중개하고 중개 건당 혹은 중개 금액의 일정 비율을 수익으로 받는 모델도 있다. 또 최근 렌트에서도 구독 개념이 등장하며 새로운 형태의 장기 렌터카 서비스가 생기고 있다.

플랫폼 산업

모빌리티 플랫폼 산업은 고객 편의와 연결을 중심에 둔다. 흔히 '연결'의 속성으로 대표되는 이 산업의 자산은 고객이다. 고객의 가장 가까운 곳에서 위치하며 서비스의 부가 가치뿐 아니라 다양한 참여자가 상호 작용하는 기회를 제공해 가치를 창출한다.

간혹 서비스 산업과 플랫폼 산업이 중첩되는 영역이 생기는데, 이때 핵심은 어디에 중심을 두는가다. 택시 호출을 중개하고 차량을 제공하는 진모빌리티의 아이엠I.M.은 서비스 산업과 플랫폼 산업의 속성을 동시에 지니는 것처럼 보인다. 이때 주목할 것은 아이엠의 핵심 서비스, 이동이다. 앱을 통해 '중개' 형태로 택시 호출 서비스를 제공하는 것은 이동 서비

모빌리티 산업의 세 분류: 제조, 서비스, 플랫폼

	제조 산업	서비스 산업	플랫폼 산업
고유 특성	유형 제품(물량)	유형+가치 결합 사고	가치+고객 중심적 사고
자산	상품, 공장, 시설	사람	고객(User)
주요 사업 활동	기술 개발, 판매	서비스 경험 확대	연결
핵심 가치	기술 혁신/원가 절감	차별화	고객 편의
주요 지표	판매량	서비스 이용 건수	MAU
핵심 경쟁력	제품 품질	브랜드	가입 고객 수
제품/서비스 평가 척도	제품 만족도	고객 만족도	고객 리텐션
주요 비즈니스 모델	판매 (Sales Revenue Model)	구독 (Subscription Model)	거래 수수료 (Transaction Fee Model)

스를 고객에게 편리하게 제공하기 위한 하나의 도구이자 채널이다. 따라서 아이엠은 모빌리티 서비스 산업에 속한다. 다만 진모빌리티가 향후 아이엠 앱을 기반으로 택시 호출 외 다른 서비스를 출시해 고객과의 접점을 키우고, 고객을 서비스

이용자를 넘어 자사의 자산으로 간주한다면 플랫폼 산업으로 전환했다고 할 수 있다.

즉, 모빌리티 플랫폼은 고객과의 연결성이 중요하다. 고객으로 하여금 플랫폼이 익숙하도록, 지속적으로 플랫폼에 접속하도록 하는 것이다. 무엇보다 사용자 수를 늘리고 고객의 행동 패턴을 파악해 앱 내 체류 시간을 늘리는 것이 중요하다. 그래서 플랫폼 산업은 타 모빌리티 산업보다도 훨씬 고객 중심의 사고로 이뤄진다. 카카오모빌리티, 타다, 티맵모빌리티, 네이버가 대표적이다.

핵심은 크게 세 가지다. 첫 번째는 자산이다. 여기서 자산은 고객 혹은 고객 계정을 말한다. 동일 고객 계정에 두 개 이상의 서비스를 제공하는 것이다. 두 번째는 결제다. 플랫폼에서 결제가 이뤄지지 않는다면 플랫폼은 게이트로서의 역할만 하게 된다. 마지막은 데이터다. 고객이 플랫폼에서 활동하는 모든 내용이 데이터로써 아카이빙돼야 한다. 이 세 가지는 플랫폼 사업 확대 및 고도화를 위해 꼭 필요하며, 추가로 고려할 것은 주체적인 서비스 상품이다. 서비스 생산이 정확히 플랫폼 기업의 역할은 아니지만, 서비스 품질 유지를 위해 직접 서비스를 만들기도 한다. 예를 들어 카카오모빌리티의 카카오 T는 일반 호출보다 양질의 서비스를 제공하는 '카카오 블루' 상품을 출시했다. 일반 호출의 핵심은 '연결'이었다면, 블루는 '품질'에 집중했다. 기사 혹은 법인 택시와의 직접 가맹 계약을 통해 일정 수준의 서비스 기준을 제시하고 이를 준수하도록 한 것이다.

제조, 서비스, 플랫폼 각 산업을 살펴봤으나 이들 산업의 특성은 한 분야에 한정되지 않는다. 자신이 가진 특성을 전략적으로 변화시키며, 다른 산업으로 전환 및 확장한다. 이 틀은 결국 회사의 정체성과 연결된다. 대표적으로 쏘카는 자동차 기반 카셰어링 서비스를 제공하는 서비스 산업에서 시작했지만 주차장, 택시, 킥보드 등 이동 서비스 간 연결을 시도하며 플랫폼 산업으로 전환하고 있다.

클라우드의 등장

제품이 아닌 서비스 중심으로 사고하는 시대가 왔다. 콘텐츠 업계에선 음원과 영상을 제품이 아닌 일정 기간 제공하는 서비스로 취급한다. 채용의 모든 과정을 기업형 서비스로 제공하는 채용 솔루션 플랫폼들도 나오고 있다. 프로그램 혹은 라이선스 단건 구매가 아닌, 내가 이용한 만큼의 비용을 지불한다. 이처럼 이제는 분야를 막론하고 '모든 것을 서비스로 사고하는' XaaS(Anything as a Service) 시대로 나아가고 있다.

모빌리티 산업에 관심 있는 사람이라면 누구나 한번쯤 'MaaS', 'LaaS', 'TaaS' 개념을 들어봤겠지만 이를 정의하기란 쉽지 않다. 우선 'A as a Service(이하 aaS)'는 A라는 제품을 고객에게 제공할 때 A를 제품 이전에 서비스로 생각한다는 개념이다. 예컨대 카카오 T가 벤티로 택시 정기 예약 서비스를 제공한다면 이는 VaaS(Venti as a Service)라 부를 수 있다.

초기 aaS 개념은 IT 산업에서 출발했다. 과거엔 메모리, 네트워크, 미들웨어middleware 등 각종 하드웨어부터 윈도우 체제, 데이터베이스, 애플리케이션 등의 소프트웨어까지 직접 설치해야 했다. 그러나 클라우드의 등장으로 직접 설치 방식의 하드웨어 및 소프트웨어는 확장성과 효율성이 떨어진다는 인식이 퍼졌다. 클라우드 서비스가 보편화되며 이제는 네트워크에 접속할 하드웨어만 필요하게 됐고, 명령의 실행과 제어 같은 연산 작업도 모두 서버에서 처리된다. 결국 현 IT 시스템은 사용자가 정보값을 한 번 입력하면 이후 최종 결과값만 수신하는 간편한 구조로 바뀌었다.

다양한 형태의 클라우드 서비스가 나오며 세부적인 기능을 구분하고자 IaaS, PaaS, SaaS라는 용어가 함께 등장했다. 각각 서비스로서의 인프라Infrastructure, 플랫폼Platform, 소프트웨어Software를 지칭한다. 인프라는 고객이 원하는 하드웨어를, 플랫폼은 하드웨어와 더불어 다양한 앱을 구동할 수 있는 중간 소프트웨어를, 소프트웨어는 고객이 직접 사용하는 소프트웨어를 뜻한다. 여기서 소프트웨어는 이메일이나 결제 등과 같이 사용자에게 필요한 모든 완결된 서비스까지 제공한다. 즉, IT 산업에서 aaS는 사용자가 필요한 자원 혹은 기능을 원하는 시점에, 원하는 만큼 사용할 수 있게 하는 것이었다.

MaaS, LaaS, TaaS

상술한 인프라, 플랫폼, 소프트웨어 개념이 모빌리티에 적용되며 MaaS, LaaS, TaaS가 탄생했다. MaaS는 '사람', LaaS는 '사물', TaaS는 사람과 사물을 포함해 이동 수단의 '생태계'에 관한 서비스를 제공한다. 즉 서비스로서의 모빌리티는 1) 적절한 제품 및 서비스를 2) 원하는 시간에 3) 원하는 장소에서 4) 원하는 기간 동안 이용하는 것이다.

우선 MaaS(Mobility as a Service)란 '사람'을 이동시키는 기차, 버스 등 대중교통을 비롯해 택시나 공유 차량 등 다양한 디바이스를 하나의 서비스로 통합하는 것이다. 목적지까지 가는 가장 효율적인 방법을 알려줄 뿐만 아니라 이동 수단에 대한 요금 결제 및 예약까지 심리스하게 제공한다. 예컨대 핀란드 헬싱키는 윔Whim이라는 앱을 통해 주민들이 도시 내에서 모든 종류의 대중교통 및 개인 교통 수단 경로를 계획하고 비용을 지불할 수 있게 했다. 핵심은 환승 시간 계산, 교통편 예약 등으로 대기 시간을 단축해 심리스한 이동 경험을 주는 것이다. 사용자는 목적지를 입력하고, 선호하는 교통수단을 선택한다. 여러 교통수단이 필요할 경우 트램, 택시, 버스, 오토바이, 렌터카, 공공 자전거까지 개별 결제 혹은 정액제로 무제한 조합할 수 있다.

LaaS(Logistics as a Service)는 '물건'의 이동에 초점을 맞춘다. 화물 운송 중개, 음식 배달, 택배, 퀵 서비스 등 이동하는 물건이나 이동 수단에 따라 LaaS에 속하기도 한다. 최적 배송 경로나 위치 정보를 제공하는 TMS(Transportation Management System)와 같은 솔루션도 해당된다. 예를 들어 티맵모빌리티는 'TMAP TMS'를 통해 물건 이동에 필요한 배송 및 현장 방문 계획을 자동으로 최적화한다.

TaaS(Transportation as a Service)는 사람과 물건의 '이동

MaaS, LaaS, TaaS 비교

	Maas	LaaS	TaaS
이동의 대상	사람	사물	사물, 사물, 서비스
디바이스 종류	이동 수단 중심	이동 수단 중심	이동 수단 및 연관 디바이스
이용자	주로 B2C	주로 B2B	B2B, B2C, B2G
사고 방향	사람 중심	사물 중심	디바이스 중심
주요 가치	고객 편의	이동 효율	기술의 진보와 범용성
대표사	카카오모빌리티 티맵모빌리티	배달의민족 쿠팡	42 Dot

수단'을 서비스화한 것이다. 수송 전반을 서비스 관점에서 바라보는 것으로, PBV(Purpose Built Vehicle)가 대표적이다. PBV는 고객의 요구에 따라 저비용으로 제공하는 친환경 다목적 모빌리티 차량을 말한다. 미국의 전기차 기업 리비안Rivian은 아마존으로부터 10만 대 규모의 상품 배송 전용 전기차를 수주하며, 아마존만의 배송 워크 플로우 및 차량 운전자의 피드백을 반영해 차량을 개발했다. 2022년부터 일부 차량을 아마존에 제공했고, 현재 시카고와 시애틀을 비롯해 미국 10개 도

시에서 운행 중이다. 즉 리비안의 PVB는 아마존이 원하는 이동 디바이스를 기획하고 제작함으로써 솔루션을 제공하는 긴 과정 전체를 하나의 서비스로 간주한 것이다.

다른 니즈, 다른 자원

MaaS, LaaS, TaaS는 서비스에 이용되는 자원에 따라 구체화할 수 있다. 모든 모빌리티 서비스에는 여섯 가지 자원이 필요하다. 이동 대상, 디바이스, 솔루션, 서비스, 플랫폼, 그리고 사용자다. 우선 사람이든 사물이든 서비스든, 이동시킬 대상이 필요하다. 이 대상을 옮기는 디바이스에 차량, 오토바이, 킥보드, 화물차, 비행기, 충전, 인프라 등이 해당된다. 디바이스를 지원하는 솔루션들이 바로 GPS, 지도, 미터링 솔루션, 결제 솔루션 등이다. 이 디바이스와 솔루션을 활용해 앱 미터기나 내비게이션 등의 서비스를 제공한다. 호출, 연결 플랫폼을 통해 이 서비스들은 B2C나 B2B 방식으로 사용자에게 연결된다.

모빌리티 서비스는 각각의 종류와 목적, 대상에 따라 필요한 자원이 다르다. 대표적인 MaaS 서비스인 마이크로 모빌리티 솔루션은 말 그대로 마이크로 모빌리티 서비스를 운영하려는 사업자에게 킥보드와 같은 하드웨어나 플랫폼 등 운영 솔루션을 제공하는 서비스를 말한다. 예를 들어 마이크로 모빌리티 사업자 씽씽을 운영하는 피유엠피PUMP는 지역

사업자들에게 씽씽 기기와 플랫폼, 배터리 교체 및 수거 재배치에 필요한 운영 교육 및 노하우 등을 제공한다.

반면 TaaS는 이동 대상이나 사용자와 무관하게 서비스를 제공한다. 디바이스 중심의 서비스로, 특정 고객을 위한 서비스가 아니라 범용적인 성격을 띈다. 지난 2022년 11월, 청계천의 자율 주행 전용 버스는 승객을 대상으로 이동 서비스를 시작했다. 자원 관점에서 이 서비스를 살펴보면 자율 주행 차량, 카메라와 같은 센서 디바이스, 센서에서 인지된 내용을 구분하고 처리하는 자율 주행 솔루션, 호출 앱 등이 제공된다. 이 서비스는 일차적으로 고객 대상 이동 서비스를 제공하고 있지만 그보다 훨씬 다양한 경로로 확장할 수 있다. 예를 들어 거점 간 물건을 이동하는 물류 서비스, 장애인의 이동을 돕는 복지 서비스 등 동일한 디바이스와 솔루션을 갖고도 다양한 목적에 이용되는 것이다.

모빌리티에서 aaS 개념이 도래한 건 자연스러운 현상이다. 자동차의 소유·운영·관리의 관점이 아닌, 이동이라는 관점에 필요한 서비스가 주목받는 것이다. 서비스 이용의 목적과 대상에 따라 자원이 구체화되고, 고객의 니즈에 따라 MaaS의 종류와 가치는 더욱 다양해질 것으로 예상한다. 다음 장에서는 MaaS와 LaaS에 해당하는 대표적인 사업 영역들을 살펴보도록 한다.

체류 시간을 늘려라

96분. 10세 이상의 우리나라 국민이 하루 중 이동에 쓰는 시간이다.[2] 매일 96분 동안 사람들은 다양한 MaaS 서비스들을 이용한다. 출근 버스를 기다리면서 언제 버스가 도착하는지 대중교통 알림 서비스를 확인하고, 환승이 필요할 땐 최적 환승 경로를 찾는다. 자가 운전으로 출근하는 경우라면 내비게이션으로 교통 상황을 확인한다.

업계 불문 다수 서비스들이 주목하는 건 바로 고객 시간을 확보하는 것이다. 예컨대 나이키는 주 고객층인 청소년들의 스포츠 활동을 장려하며 세계 스포츠 용품 업체의 1위 자리를 지켜 왔다. 스포츠 활동의 밝고 역동적인 이미지를 지속적으로 노출하며 브랜드 이미지를 구축했고, 1994년에서 1998년까지 연간 실적이 세 배 이상 급등하는 성장세를 보였다.[3] 그러다 2000년대에 들어서며 나이키의 성장률은 둔화하기 시작했다. 그 원인으로는 다른 스포츠 용품 업체가 아닌 소니나 애플과 같은 IT 업체가 꼽혔다. 나이키의 주 고객인 청소년층은 통상 지출의 60퍼센트를 신발 및 스포츠 용품에 써왔으나 이들이 닌텐도를 비롯한 게임을 접하며 스포츠에 할애하는 시간이 감소했고, 그에 따라 지출 또한 자연스럽게 30퍼센트 수준으로 떨어진 것이다. 즉, 산업 간의 경계가 무너지며 기업들은 특정 아이템이나 서비스가 아닌 소비자의 시간을 두고 경쟁하기 시작했다. 이동 서비스에서도 역시 소비자 체류 시간에 주목하고 있다.

MaaS는 상술했듯 '사람'을 중심으로 이동의 전 과정에 관여하며 크게 세 가지 영역으로 나뉜다. 고객에게 이동 수단만 제공하는 사업, 고객에게 이동 수단에 운전 기사까지 직접 제공하는 사업, 그리고 이동 수단과 기사를 고객과 연결해 주는 사업이다. 이제부터 다룰 MaaS 산업들 모두 이 세 영역으로 분류할 수 있다.

산업의 분수령

현 단계에서 국내 모빌리티 산업에 무엇보다 중요한 것은 규정이다. 법과 규제가 사업의 연속성에 어떤 영향을 미치는지는 택시 플랫폼 타다TADA의 사례를 통해 드러났다. 2019년 타다의 출범과 동시에 기존 택시 산업은 타다 서비스를 '위법 콜택시'로 주장하며 해당 논란은 커졌다. 타다 측에선 자사를 신종 초단기 렌터카 서비스로 주장한 반면, 택시 업계 측에선 타다 서비스와 기존 택시의 유사점을 비판하며 첨예하게 대립했다. 2020년 2월 서울중앙지방법원에서 타다는 무죄 판결을 받았으나, 타다 서비스가 기반하고 있던 자동차대여법의 '운전자 알선 허용 범위'가 구체화되며 더 이상 관련 사업을 이어가지 못하게 됐다. 제도가 기술을 따라가지 못하는 현

국내 자동차 운송사업 규제

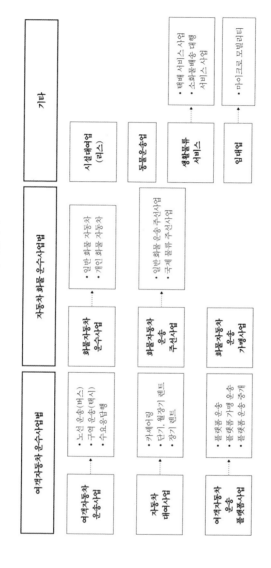

여객자동차 운수사업별	자동차 화물 운수사업별	기타

여객자동차 운수사업별

- **여객자동차 운송사업**
  - 노선 운송(버스)
  - 구역 운송(택시)
  - 수요응답형

- **자동차 대여사업**
  - 카셰어링
  - 단기·월장기 렌트
  - 장기 렌트

- **여객자동차 운송 플랫폼사업**
  - 플랫폼 운송
  - 플랫폼 가맹 운송
  - 플랫폼 운송 중개

자동차 화물 운수사업별

- **화물자동차 운수사업**
  - 일반 화물 자동차
  - 개인 화물 자동차

- **화물자동차 운송 주선사업**
  - 일반 화물 운송 주선사업
  - 국제 물류 주선사업

- **화물자동차 운송 가맹사업**

기타

- **시설대여업 (리스)**

- **동물운송업**

- **생활물류 서비스**
  - 택배 서비스 사업
  - 소화물배송 대행 서비스 사업

- **임대업**
  - 마이크로 모빌리티

* 자동차 유형은 자동차 관리법에 따라 승용자동차, 승합자동차, 화물자동차, 특수자동차, 이륜자동차 다섯 가지로 구분된다.

상이 모빌리티 분야에서 벌어지고 있는 지금, MaaS에 관심이 있다면 관련 사업이 각각 어떤 분야에 속하고 어떤 법과 규제의 영향을 받는지 파악하는 것은 필수다.

여객자동차운송사업

말 그대로 자동차로 사람을 이동하는 것이다. 다른 사람의 수요에 응하여 자동차를 사용해 유상有償으로 여객을 운송하는 사업을 뜻하며, 우리나라에선 법적으로 차를 이용해 사람을 이동할 때 비용을 청구할 수 있다. 크게 세 가지, 노선·구역·수요응답형 사업으로 구분된다.[4]

　　노선 여객자동차운송사업은 정해진 노선을 따라 정기로 운행하는 사업이다. 우리가 흔히 생각하는 버스가 여기 해당한다. 시내버스와 농어촌버스 모두 단일 행정 구역에서 운행하는 것이 특징인데, 시내버스의 행정 구역은 주로 특별시, 광역시와 같이 지정되고 농어촌버스는 군郡을 기준으로 구분된다. 한편 마을버스는 단일 행정 구역에서 사업한다는 점은 같지만 기점이나 종점의 특수성, 그리고 사용하는 자동차의 특수성 등을 고려해 다른 사업자가 운행하기 어려운 구간을 오가는 것이 특이점이다. 시외버스는 국토교통부령에 따라 고속형, 직행형 및 일반형 등으로 구분된다.

　　구역 여객자동차운송사업은 노선이 아닌 특정 사업 구

여객자동차운송사업 분류

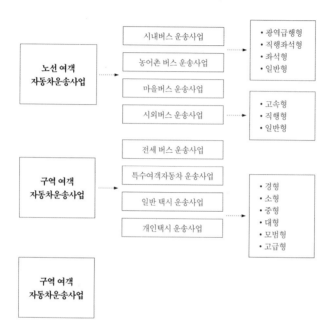

역을 지정한다. 가장 대표적으로 택시가 해당되며 구체적인 내용은 다음 장에서 다룬다. 이외에도 전세 버스나, 특수한 자동차를 사용하는 특수 여객이 포함되는데 이들은 전국을 사업 구역으로 정한다.

수요응답형 여객자동차운송사업은 소비자의 요청에 따라 운행 계통과 시간, 횟수를 탄력적으로 조정한다. 노선을 미리 정하지 않고 그때그때의 수요에 따라 운행 구간과 정류장을 유동적으로 운행한다. 통상 대중교통이 부족한 지역에서 볼 수 있다. 교통 과소화 및 공동화가 심한 지역의 이동권을 보장하고 고령층의 의료·문화·복지 접근성을 개선하는 것은 물론 교통 사각지대를 해소하기 위해 도입됐다. 다만 해당 서비스는 규제 샌드박스를 통해 일부 지역에서 시행 중이다. 대표적으로 현대자동차에서 운영하는 셔클과 씨엘에서 운영하는 MOD(Mobility On Demand)가 있다. 셔클 또한 세종시와 파주시 일부 지역, MOD는 인천시 영종국제도시에서 운행 중이다.

수요응답형 서비스는 미래 이동 서비스의 하나로 주목받고 있다. 노선버스와 택시를 결합해 서로의 단점을 보완했기 때문이다. 노선버스의 경우 고정된 노선, 고정된 정류장만오가 수요와 무관하게 시간대별로 운행된다. 택시의 경우 소수 인원만 이동 가능하다. 하지만 수요응답형 서비스는 운행 범위 내에선 승객의 실시간 요청에 따라 정하차 지점과 경로를 유동적으로 변경할 수 있다는 장점이 있다.

자동차대여사업

보통 '렌터카 회사'로 불린다. 롯데렌탈, SK렌터카와 같은 주요 렌터카 사업자, 쏘카나 그린카와 같은 카셰어링 업체들이 여기 해당한다. 특이한 점은 주요 업체 20여 곳에 의해 대부분의 시장이 형성돼 있다는 점이며, 그 외엔 1000여 개의 작은 중소 사업자가 렌터카 업체를 운영하고 있다. 만약 전국을 대상으로 영업할 경우 차량을 최소 50대 보유해야 한다는 조건이 있다. 참고로 단기 렌터카 시장은 중소기업 적합 업종으로 분류돼 대기업의 진출이 막혀 있다.

자동차 대여사업은 대여 기간에 따라 초단기, 단기 및 월장기, 장기로 구분한다. 대다수 렌터카 회사의 주요 서비스는 장기 렌트로, 보통 1년 이상 차량을 대여하는 것을 말한다. 단기 및 월장기 렌트는 하루 혹은 월 단위로 차량을 대여하며, 주로 차량 보유 수 1000대 이하의 중소 렌터카 회사들이 이 서비스를 제공한다. 대표적인 상품은 특이하게도 일반 렌트가 아닌 보험 대차 서비스다. 자동차 사고 시 자동차를 대여해 주는 것이다. 단기 렌터카 업체들의 주요 매출 상품은 보험 대차(38퍼센트), 단기 렌트(34퍼센트), 장기 렌트(28퍼센트)가 상위권을 차지하고 있으며 특히 보험 대차 시장의 정확한 규모는 파악되지 않으나 업계 관계자에 따르면 약 6000억 원으로 추정된다.[5] 일명 카셰어링으로 불리는 초단기 렌트는 30분 혹은 시간 단위로 차량을 대여한다. 쏘카, 그린카, 피플카 같은 카셰어링 업체들은 최근 IT 기술을 활용해 무인 차량 대여 서비스를 제공하고 있다.

여객자동차운송플랫폼사업

플랫폼과 자동차를 확보해, 고객 수요에 응해 운송 서비스나 그에 부가되는 서비스를 유상으로 제공하는 사업이다. 2019년 말 타다 서비스의 출범 이후 2020년 4월 제정된 여객자동차 운수사업법, 흔히 '타다법'에 의해 규정된다. 이 법이 나오기 전까지 플랫폼을 이용한 다양한 이동 방식은 규제받지 않았다. 타다로 촉발된 택시 사업자들과의 분쟁에 따라 사업에 대한 별도 규정도 추가됐다.

해당 제도가 생긴 후 플랫폼사업은 크게 운송, 가맹, 중개 세 가지로 나뉘었다. 운송사업에선 요금 규제나 사업 구역 제한, 외관 규제 등에서 규제가 대폭 완화됐다. 예컨대 차량을 확보하는 방식에서 렌터카가 가능하도록 바뀌었다. 또 신규 사업자의 허가 기준은 '차량 30대 이상'으로 지정됐고 시설 및 보험 가입 허가 대수를 관리하며 매출액의 5퍼센트를 기여금으로 납입하도록 했다. 이 기여금은 300대 이상의 차량을 운행하는 기업에 적용되는데 수익성에 큰 압박이 된다. 중소 스타트업의 경우 이걸 25~50퍼센트 수준으로 감면받는 이점 때문에 이 사업 모델로 운행되는 회사는 코액터스, 레인포컴퍼니, 파파모빌리티 등 대부분 스타트업으로 이뤄져 있다.

두 번째로 가맹사업은 이전의 택시 사업자 관련 규제를 합리화한 것이다. 이전에는 법인 기준으로 가맹사업자와 계

규제 이후의 플랫폼 사업

플랫폼 운송사업	플랫폼 가맹사업	플랫폼 중개사업
플랫폼의 운송사업 허가 차량, 외관 등 완화된 규제	기존 택시와 결합(법인/개인) 현 가맹사업 관련 규제 합리화	중개플랫폼에서 제도권 편입으로 (신고제: 택시 면허 불필요)
신규 모델 (다양성 수용)	Waygo 등 가맹사업 진화형	카카오 T 등 택시 중개앱

* 출처: 국토부

약해야 했으므로 차량 100대를 보유한 법인 택시는 한 가맹사업자와만 계약이 가능했다. 완화된 규제에선 법인 택시의 차량 단위 가맹 계약 체결을 허용해, 한 법인 택시 회사가 여러 가맹사업자와 계약할 수 있게 됐다. 또 다른 변화로 예약형 가맹택시제와 요금 자율 신고제를 도입했으며, 사업 구역을 광역화함으로써 규제를 완화했다. 대표적인 가맹브랜드로 카카오 T 블루, 타다, 마카롱 M 등이 해당하며 주요 플랫폼사업자들이 많이 택하는 사업 방식이다.

　　마지막은 중개사업이다. 이전에는 관련 규정이 없었으나, 타다 논란과 함께 중개사업은 제도권으로 편입했다. 규정에 따라 택시 사업자는 사업자를 등록하고 중개 요금을 신고할 경우 별도의 콜비를 받을 수 있으며, 우리가 흔히 아는 카카오 T 택시, T맵 택시 등이 여기 해당한다.

세 가지 사업 중 가장 유망한 것은 가맹사업이다. 다양한 부가 서비스 개발이 가능해 신규 수익 모델을 만들 수 있고, 요금제가 자율 신고로 완화되면서 신규 수익원 확보가 시급한 플랫폼 회사로선 가맹택시를 확대할 것으로 예상된다. 이에, 향후 가맹택시를 중심으로 서비스 및 수익 확대가 전체 택시 시장의 흐름으로 갈 것으로 보인다.

시설대여업

시설대여업은 크게 두 개 법에 의해 관리·감독된다. 하나는 여신전문금융업법이고, 다른 하나는 시설대여업법이다. 두 법이 각각 정의한 시설대여업의 기준은 대동소이하다.

우선 여신전문금융업법에 따르면 시설 대여란 특정 물건을 거래자가 일정 기간 사용하도록 하고, 그 기간 동안의 대가를 정기적으로 나눠 지급받으며, 대여 기간이 끝난 후 물건의 처분에 관해선 당사자 간의 약정으로 정하는 방식의 금융이다. 반면 시설대여업에서 정의하는 시설 대여란, 이용자가 선정한 특정 물건을 시설 대여 회사가 새로 취득하거나 대여받아 이용자에게 일정 기간 이상 사용하게 하고 그 기간에 걸쳐 일정 대가를 정기적으로 지급받으며, 그 기간이 끝난 뒤 물건의 처분에 관하여는 당사자 간 약정으로 정하는 물적 금융이다. 두 정의에서 차이는 결국 금융업법 여부에 따라 '금융' 혹은 '물적 금융'으로 표현된다는 점이다.

즉 두 법 모두 시설대여업을 특정 물건을 대여하는 것으로 정의하는데, 이 '특정 물건'에 자동차가 포함된다. 어느 법에 따라 사업자를 등록했는지에 따라 크게 두 가지 면에서 차이가 난다. 첫 번째는 표기의 차이다. 여신전문금융업법에 따르는 사업자만이 상호에 리스, 시설 대여, 여신, 할부 금융과 같거나 비슷한 표시가 가능하다. 즉 금융사로 보여지는 것을 허용한다. 두 번째는 부가 가치세 면제다. 여신전문금융업법에 따르는 사업자만이 부가 가치세가 면제되는 반면, 기타 사업자는 면제받지 못한다.[6] 부가가치세 면세 여부에 따라 실제 고객이 내야 하는 대여료 혹은 리스료가 달라진다. 월 납부해야 할 금액이 60만 원이라고 한다면, 리스료는 60만 원이지만 실제 대여료는 부가세 10퍼센트를 포함한 66만 원이 되는 구조다. 또한 두 법에 사업자로 등록하는 기업도 상이한데, 여신전문금융업법을 따르는 사업자는 대표적으로 현대캐피탈, KB캐피탈과 같은 여신사인 반면 시설대여업법에 의한 사업자는 더트라이브the trive와 같은 중고 자동차 구독 서비스 업체가 해당한다.

동물운송업

과거에만 해도 동물은 운송사업에서 물건으로 인식됐다. 그러나 1991년 동물보호법이 제정된 이후 해당 법안은 발전해 왔다. 동물운송업은 동물을 이동하는 사업으로, 운행 요금을 신고하고 설비 요건을 갖춘 차량을 이용해야 한다. 주요 서비스로는 카카오모빌리티가 운영하는 카카오 T 펫 서비스가 있으며 2021년 7월 기준 총 등록 사업자는 700여 곳에 달한다.

임대업

MaaS 중에서도 국내 자동차운송사업 규제에서 조금 벗어난 사업이 바로 마이크로 모빌리티 영역이다. 마이크로 모빌리티는 킥보드나 전기 자전거 등을 대여해 주는 사업으로 최근 5년간 급속도로 성장 중이다. 스포츠 및 레크레이션 용품 임대업으로 분류되며, 지자체 허가나 등록이 필요하지 않다.

다만 2021년 5월부터 도로교통법 개정에 따라 시행된 안전 규제 강화로 사업에 많은 어려움을 겪고 있다. 개정된 도로교통법에 따르면 킥보드가 원동기로 분류됐고, 원동기 면허 이상 소지자에 한해 개인형 이동 장치 운행이 가능하다. 이에 따라 소비자 풀은 대폭 줄었을뿐더러 헬맷 착용과 같은 안정 규정으로 소비자 불편이 크게 증가해 서비스 이용률은 급감했다. 대표적인 마이크로 모빌리티 사업자로 지쿠터 운영사인 지바이크, 카카오 T 바이크를 운영하는 카카오모빌리티, 킥고잉을 운영하는 올룰로olulo, 스윙을 운영하는 더스윙The Swing 등이 있다.

모빌리티 산업의 발목을 잡는 대다수는 규제다. 여러 디바이스 중에서도 특히 자동차로 서비스할 경우 규제는 더욱 엄격해진다. 앞서 말한 여섯 가지 분류에 해당하지 않는 운송 서비스는 불법이거나, 법률로 규정되지 않은 서비스다. 이들은 언제든 불법이 될 수 있고, 이로 인해 사업이 중단될 리스크가 크다.

유상 자동차운송업을 법으로 규제하게 된 이유엔 민법의 불완전함이 크다. 서비스 제공자에게 책임을 부여하지 않고 유상 운송 서비스가 이뤄질 경우, 기존 민법에서 이를 따로 다루는 규정이 없어 불필요한 분쟁의 소지가 생길 수 있었다. 이에, 보다 적극적으로 유상 운송과 관련된 일반 규칙과 상세 규정을 만들며 규제가 강화됐다. 그러나 일명 '면허권'으로 불리는 운송사업권이 기득권을 형성하며, 새로운 서비스의 기회를 막고 있다. 대표적인 사례로 타다를 생각할 수 있다.

타다는 차량을 대여하는 고객에게 렌터카와 운전자를 알선한다. 개정 전 규정에 따르면, 운전자를 임차인에게 알선할 수는 없지만 예외 사항으로 '승차 정원 11인승 이상 15인승 이하인 승합자동차를 임차하는 사람'에게는 알선할 수 있었다. 타다는 이 조항을 근거로 서비스를 제공했고, 택시 단체들은 면허 없이 '불법 콜택시'를 영업한 이유로 소송을 진행했으나 결론적으로 해당 건은 재판부가 2심까지 무죄로 판결했다. 다만 해당 예외 조항을 포함하던 여객자동차운수사업법이 개정되며 기존 시행령에 '관광 목적 및 대여 시간 6시간 이상, 대여·반납 장소가 공항, 항만인 경우로 한정함'이라는 조건이 추가됐다. 결국 타다는 서비스를 중단했다.

즉, 모빌리티 서비스 규제는 이 생태계에 규칙과 체계를 만들어 사업자와 소비자 간 분쟁을 줄이는 것에 기여했지만 규제로 인해 생겨난 기존 사업자의 특권으로 새로운 서비스가 출현할 기회와 고객 편의를 저해하는 부작용도 생겨났다. 규제 샌드박스를 통해 일부 서비스가 성장할 수 있는 창구를 만들긴 했지만 다양한 부처 협의, 승인까지 걸리는 시간 등은 지금도 풀어야 할 숙제다.

카카오가 바꾼 택시의 지평

택시 시장에 출범한 빅테크

택시는 여객자동차운수사업으로, 유상운송사업에 근거해 운영되는 서비스 중에서도 가장 오래된 서비스다. 참고로 '택시taxi'라는 단어는 1891년 독일의 빌헬름 브룬Wilhelm Bruhn이라는 사람이 발명한 요금 계산기 '택시미터taximeter'에서 유래했다. 택시미터는 우리가 흔히 '미터기'라고 부르는 요금 산정 기계로, 자동차 뒷바퀴의 회전에 의해 주행 거리를 계산하여 요금이 자동으로 표시된다.

택시는 1912년 우리나라에 처음 도입된 이후, 일부 부유층이나 특수 직업을 가진 사람만이 이용하던 서비스였다. 1920년대 택시 대절 요금은 시간당 6원이었다. 당시 쌀 한 가마니 가격이 6~7원이라고 하니 택시가 소수 집단만 누릴 수 있던 특권이었던 것이 이해가 된다. 고급 이동 수단으로 처음 시작한 택시는 서울 88올림픽 개최 즈음인 1988년 4월 중형 택시 제도가 마련되며 이동의 대중화를 불러일으켰다. 이후 1992년 12월, 고급 교통수단으로서의 입지를 다지며 개인택시를 확대한 모범택시가 등장했다.

서울의 경우 택시는 1986년 18.9퍼센트 수송 분담률을 기록하며 유망한 사업으로 인지되기도 했으나, 지하철 발달과 자가용 증가에 따라 그 분담률은 꾸준히 하락했다. 또한 서울 택시 면허 대수는 2009년 7만 2366대를 기록한 이후 감소하기 시작했고 서비스 품질 또한 하락세를 보였다. 다산콜센터 상담 유형별 불편 신고에 따르면 택시 불편 신고는 2011년 8만 3573건으로 2008년의 3만 8063건 대비 두 배가량 증가했다. 여기에 대체 교통수단이 발달하며 택시업의 승객은 감소했고 택시 공급 증가로 인해 수익성은 악화됐다. 자연스레 서비스의 질을 낮아졌고, 이는 고객 불만으로 이어지며 악순환 구조를 만들었다.

그러다 2015년 3월, 공유경제 확산과 맞물리며 카카오택시가 등장했다. 미국에서 O2O 서비스인 우버를 접한 카카오 김범수 의장은 이를 한국에서도 적용할 수 있는 서비스 모델을 만들고자 했다. 당시 모바일 플랫폼 시장을 지배하던 카카오는 차기 성장에 대한 고민이 있었고 온라인 플랫폼 시장과 오프라인 시장을 연결하는 O2O 서비스를 성장의 기회라 판단했다. 2014년 6월 신규 사업 아이템을 발굴할 목적으로 태스크포스를 구성하고, 사용자들의 실생활 패턴에서부터 O2O 서비스의 기회를 찾고자 했다. 단순히 메시징 플랫폼이 아닌 생활 플랫폼 사업자로 진화함으로써 디지털 전환이 이뤄지지 않은 분야를 선점해 사업화하려는 목적이었다.

카카오택시가 서비스를 기획할 당시 주목한 것은 '이

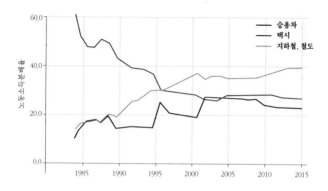

서울시 교통수단별 수송 분담률 추이

승용차
택시
지하철, 철도

* 출처: 서울연구원, 단위: %

동'이라는 맥락이었다. 교통수단을 크게 승용차, 택시, 버스, 지하철로 나누어 분석해, 자사의 리소스를 투입하거나 필요한 역량의 회사를 인수하기로 한다. 위치 기반 서비스를 제공하는 로티풀, 매칭 역량을 지닌 썽크리얼즈와 써니로프트 등을 주축으로 공격적인 인수를 단행했고 2014년 10월 카카오-다음 합병을 통해 다음지도를 활용한 내비게이션 역량을 키웠다. 카카오택시 출시 이후에도 2015년 5월 김기사 서비스를 제공하던 록앤올을 인수하는 등, 일련의 인수·합병 절차를 거쳐 서비스를 빠르게 개선하고 고도화하려는 노력을 보였다.

그 결과 서비스 출시 2년 만인 2017년 2월, 카카오택시의 누적 호출 수는 3억 3000만 건을 돌파했다. 전국 택시 기사 열 명 중 여덟 명에 해당하는 21만 명이 카카오택시에 가입했다. 서비스 출시 전 확보한 택시 기사 수 2만 6000명에 비교하면 열 배 가까이 성장한 수치다.[7] 또 지난 2016년 카카오모빌리티 디지털경제연구소가 기사 1만 5000명을 대상으로 소득 변화를 추적한 결과, 카카오택시 론칭 후 기사 1인당 연평균 소득은 약 13.4퍼센트 증가했으며 전체 소득 증가액은 약 7500억 원에 달하는 것으로 밝혀졌다.[8]

그러나 카카오의 등장은 기존 택시 생태계에 기회인 동시에 위기였다. 카카오모빌리티가 2018년 12월 출시한 '카풀' 서비스는 기존 사업자들에게 생존을 위협하는 문제로 받아들여졌다. 카풀은 이동 방향이 비슷한 운전자와 탑승자를 연결해 주는 플랫폼 서비스로, 카카오모빌리티는 카풀이 새로운 공급을 늘리며 소비자 효용을 극대화하고 신규 사용자를 유치해 택시 수요가 증대할 것으로 예상했다. 기존 택시 업계의 입장은 달랐다. 카풀 서비스가 공급 과잉을 일으켜 기존 택시 시장을 잠식할 것으로 본 것이다. 이러한 갈등이 첨예해지던 와중, 택시 면허 매매 금액이 1000만 원가량 하락하고 매수자도 줄어듦에 따른 택시 운송사업자들의 불안은 갈등을 심화시켰고, 일부 택시 기사는 극단적인 선택을 하게 했다. 카카오모빌리티는 결국 이듬해인 2019년 1월 카풀 서비스 전격 중단을 선언한다. 이후 택시 시장을 구성하는 기성 택시 업계와 플랫폼 사업자들, 정부와 국회 등 다양한 이해 관계자들의 협의 끝에 2020년 3월 여객자동차운수사업법 개정안이 국회 본회의를 통과했다. 개정안에 '여객자동차운송플랫폼사업'이라는 새로운 사업 분야를 추가하고, 기존 규제를 완화했다. 즉 중개 플랫폼이나 택시 사업자 외에도 유상 운송 서비스를 법적 테두리 안에서 포함시키고, 요금 자율 신고 및 사업 구역 광역화를 통해 시장을 안정화했다. 물론 지금까지도 해당 개정안에 대한 찬반의 목소리가 있으나 이는 호출, 예약, 차량 관제, 요금 선결제 등의 기능은 물론 월 구독형 요금, 사전 확정 요금 등 다양한 혁신 서비스가 출현할 수 있는 일차적인 제도적 기틀이 됐다.

시장의 크기는 목표 매출과 직결된다

시장 규모는 유관 산업의 시장 크기를 가늠하기 위한 중요 지표다. 택시 시장도 마찬가지다. 시장에 처음 진입하거나 신규 서비스를 출시하려는 기업 입장에서, 관련 상품이나 서비스를 출시할 시 목표할 수 있는 매출 규모를 파악할 수 있기 때문이다. 다만 택시 시장은 운임으로 추정되다 보니 그 규모가 종합적으로 정리되지 않는 상황이며, 택시 대수와 평균 이동 거리, 요금 등 여러 가지 추정 요소를 고려해 규모를 파악하고 있다.

택시 시장 규모는 조사 기관에 따라 다르게 집계된다. 2019년 한국신용정보원 자료에 따르면 2017년 기준 택시운송업 국내 시장 규모는 약 8조 5301억 원으로 드러났다. 연평균 1.29퍼센트 성장률을 보이며 성장한 결과 2022년에는 약 9조 931억 원 규모로 추산된다.[9] 반면 국가통계포털에서 택시운송업을 조회하면 그 매출은 2020년 기준 7조 8855억 원 규모로 산정된다. 전년 대비 5.4퍼센트 감소한 규모로, 코로나19로 인해 택시 산업 전반이 영향을 받았단 걸 유추할 수 있다.[10] 한편 한국투자증권에선 관련 시장 규모를 13조 원 수준으로 추정한다. 2016년 1년간 전체 택시 이용 건수는 36억 2000건으로, 1회 탑승 시 평균 고객 수를 2~3명으로 가정하고 평균 주행 거리를 3.8킬로미터로 계산할 시 국내 택시 시장 규모는 약 11~16조 원으로 추산된다.[11]

다만 지금까지 언급한 각각의 시장 규모는 추정 논리가 부실한 탓에 정확도에 대한 의구심이 제기된다. 이에, 택시의 실 결제액을 기반으로 추정하는 방법이 선호되는 편이다. 여기서부턴 월 평균 결제액과 총 택시 대수를 곱해 택시 시장 규모를 추산했다. 데이터 간 시기의 차이는 고려하지 않은 대략의 수치임을 밝힌다.

전국택시운송사업조합연합회에 따르면 2022년 3월 전국 택시 수 24만 9979대 중 법인 택시는 8만 5298대, 개인 택시는 16만 4681대다. 이를 서울로 좁히면 2022년 6월 기준 법인 택시 2만 2603대, 개인택시 4만 9161대로 총 7만 1743대였다.[12] 티머니 〈서울 택시 리포트〉에 따르면 2018년 기준 서울 택시의 월 평균 결제액은 법인 택시 기준 1240억 원, 개인택시 기준 1540억 원으로 집계됐다.[13] 2022년도 개인, 법인 월매출을 2018년과 동일하다고 가정하고 총 매출을 택시 대수로 나눌 경우, 법인 택시 월 평균 매출액은 6583만 원, 개인택시 연평균 매출은 3759만 원으로 산정된다.

〈서울 법인 택시 한 대의 연평균 매출〉

월 평균 결제액(1240억 원) ÷ 택시 수 (2만 2603대) × 12달 ≒ 6583만 원

〈서울 개인택시 한 대의 연평균 매출〉

월 평균 결제액(1540억 원) ÷ 택시 수 (4만 9163대) × 12달 ≒ 3759만 원

〈서울 지역 택시의 연 매출〉

1조 4880억 원 + 1조 8480억 원 ≒ 3조 33605억 원

서울 지역 매출이 타 지역 평균 매출과 같은 수준이라고 가정할 때, 서울을 제외한 전국 택시 매출은 다음과 같이 추산된다.

〈서울 제외 전국 법인 택시의 연 매출〉

3759만 원 × 11만 5518대 ≒ 4조 3422억 원

〈서울 제외 전국 개인택시의 연 매출〉

6583만 원 × 6만 2695대 ≒ 4조 1273억 원

〈서울 제외 전국 택시의 연 매출〉

4조 3422억 원 + 4조 1273억 원 ≒ 8조 4695억 원

위 서울 매출과 기타 지역 매출액을 더할 경우 국내 택시 시장 규모는 다음과 같이 추산된다.

〈전국 택시의 연 매출〉

서울 매출(3조 3360억 원) + 기타 지역 매출(8조 4695억 원)
≒ 11조 8055억 원

추가로 고려할 변수는 서울 이외 지역의 택시 매출이

일반적으로 낮게 형성돼 있다는 점이다. 2022년 1월 더불어민주당 소병훈 의원실 자료에 따르면 지난 2020년 기준 법인 택시 일평균 매출액은 서울 제외 전국 15개 지역(14.75만 원)이 서울 지역(16.9만 원)의 87.3퍼센트 수준이었다. 해당 변수를 고려해 서울 매출과 기타 지역 매출액을 보수적으로 합산할 경우 국내 택시 시장 규모는 10조 7299억~11조 8056억 원으로 추산된다.

〈전국 택시의 연 매출 : 지역 변수 고려〉

서울 매출(3조 3360억 원) + 기타 지역 매출(8조 4695억 원 × 0.873) ≒ 10조 7299억 원

디바이스와 요금의 구분

택시는 크게 차종과 요금 체계에 따라 나뉜다. 차종은 경형, 소형, 중형, 대형, 모범형 및 고급형으로 구분된다. 우리가 보통 타는 택시는 K5나 소나타 등의 중형 차량이며 경형은 모닝, 소형은 아반떼가 해당한다. 모범형엔 그랜저와 K7급 차종이 많이 사용되고, 고급형엔 G80, G90, K9급이 주로 이용된다.

요금 체계는 관허 요금제와 자율 신고 요금제로 나뉜다. 택시 요금은 그 지역의 자치 단체(관할 관청)가 결정하는 것이 일반적이며, 이를 관허 요금제라 부른다. 요금 변동성이

낮다는 특징이 있으며 중형, 모범, 대형 승용 택시가 여기 해당한다. 반면 자율 신고 요금제에선 사업자가 기준을 정해 요금을 신고할 수 있다. 수요와 공급에 따라 사전 신고 요금 기준으로 할인 및 할증을 적용한다. 고급 택시와 대형 승합 택시가 여기 해당하며, 다양한 사업자가 서비스 수준에 따라 천차만별의 요금을 적용하고 있다.

이에 따라 최근 대형 승합 및 고급 택시, 그리고 특정 브랜드 혹은 플랫폼과 계약을 맺는 가맹택시가 늘고 있다. 뿐만 아니라 이동의 경험 자체가 중요해지며 스타리아와 같이 좌석이 넓고 편안한 11인승 이상의 승합 차량이 택시 시장 내에서 증가하고 있다. 대표적으로 카카오의 카카오 T 벤티, 진모빌리티의 아이엠, 타다의 넥스트Next가 있으며 향후 대형·고급 택시 시장은 더 크고 다양해질 것으로 예상된다.

요금이 오르면 품질도 오를까

택시 시장에선 다양한 이해 관계자가 복잡하게 엮이며 서비스 품질 이슈가 지속적으로 제기됐다. 주요 이해 관계자는 국민 이동 서비스 물가의 안정을 추구하는 정부 및 지방 자치 단체, 새로운 이동 공급을 반대하는 택시 단체, 불편한 승차 경험을 개선하며 혁신을 추구하는 모빌리티 스타트업, 그리고 언제든지 쉽게 이동하고 싶은 소비자다.

택시 항목별 운송 비용

- 인건비: 35.8% (2조 807억 8200만 원)
- 연료비: 33.1% (1조 9261억 4800만 원)
- 보험료: 8.4% (4884억 1300만 원)
- 감가상각비: 8.3% (4886억 5700만 원)
- 기타: 14.4% (8390억 2200만 원)

* 출처: 국토교통부

택시 사업의 기본 매출은 고객이 지급하는 요금에서 나온다. 적절한 수요와 공급이 유지될 경우에만 편리하고 안정적인 이동 서비스가 가능하다. 전차가 발달하기 전까지만 해도 택시는 대중교통의 역할을 했다. 그러다 택시 수를 늘리고자 정부가 1970년 5월, 택시 면허 취득의 조건을 '무사고 5년'에서 '무사고 1년'으로 변경하며 택시 대수는 급속하게 증가했다. 이후 1990년대 말이 돼서야 공급 과잉의 문제로 정부는 신규 택시 면허 발급을 중단했고, 택시 요금이 대중교통 요금을 비롯해 기타 물가에 영향을 준다는 명목으로 정부의 엄격한 통제를 받았다. 이렇게 누적된 택시 공급 과잉과 정부의

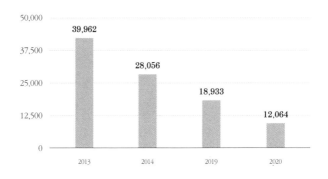

서울시 교통 불편 민원 신고 현황

* 출처: 서울시, 단위: 건

과도한 요금 통제는 운수사의 수익성을 악화시켰다.

이동 서비스에 들어가는 비용은 크게 인건비, 연료비, 보험료, 차 감가상각비 네 가지로 나뉜다. 이 중 1위는 단연 인건비(35.8퍼센트)다. 법인 택시 사업자는 그동안 수익성을 위해 인건비를 동결하거나 사납금[14] 제도를 도입했다. 이에 택시 기사들은 같은 시간 내에 더 많은 매출을 올려야 한다는 압박을 받았고, 여기에 LPG 가격 인상까지 겹치며 난폭 운전을 비롯해 택시 시장 전반의 서비스 품질이 낮아졌다.[15]

즉, 정부가 택시 면허 발급 조건을 낮추며 공급은 늘었으나 운수사 입장에선 매출이 하락하고 보험료, 인건비가 상승하며 경영 악화로 이어졌다. 이외에도 사납금 제도 등의 영향으로 택시 기사의 근로 여건이 악화되며 택시 서비스 품질은 낮아졌다.

이러한 악순환을 끊고자 관계자들이 시도한 방법 중 하나가 바로 택시 요금 인상이다. 서울의 경우 2009년~2013년 사이 택시 교통 불편 민원 신고는 연간 4만 건으로 매우 높았다. 그러다 2013년 10월, 택시 기본요금이 기존 2400원에서 3000원으로 인상되며 민원 신고 건수는 급격히 낮아졌다. 이어 2019년 2월, 기본요금이 3800원으로 한 차례 더 인상되며 민원 건수도 함께 줄었다.

이러한 요금-서비스 품질의 상관관계는 2023년 2월 기존 3800원에서 4800원으로 26퍼센트 인상된 택시 요금에 영향을 준 것으로 보인다. 택시 업계에선 지속적으로 요금 인상을 주장을 해왔으나, 정부는 '서민 물가 안정'이라는 명분 하에 보수적인 입장을 취해 왔다. 하지만 코로나19로 인해 법인 택시 운전자 중 3분의 1가량이 다른 업종으로 이동했고 노령화 등의 요인으로 야간 운행 택시 수가 급감하며 소비자 불편이 크게 늘었다. 이에 정부는 요금 인상안을 추진해 택시 운전자 공급을 늘리는 동시에 운전자의 소득을 늘리는 방안을 진행 중이다.

다만 요금만이 서비스 품질의 높일 수 있는 수단은 아

니다. 2015년부터 2019년까지 지속적으로 민원 신고가 감소한 까닭에는 다양한 모빌리티 플랫폼의 등장을 빼놓을 수 없다. 2015년 한국교통연구원 자료에 따르면 택시 영업은 카카오택시로 대변되는 플랫폼을 통해 고객 확보가 용이해졌을 뿐만 아니라, 영업 횟수 증가로 택시 매출 향상에 폭발적으로 기여했다.[16]

향후 택시 서비스의 품질은 플랫폼사들의 기술 고도화를 통해 개선될 것으로 보이며, 여기에 우선적으로 필요한 과제는 택시 요금의 현실적 인상이다. 서비스 공급자의 안정적인 수입 확보는 서비스 개선으로 이어지는 가장 확실한 방법 중 하나다. 다행히 서울의 경우 기본 요금 인상 및 다양한 인센티브제 도입을 통해 택시 서비스의 질적 개선을 분명히 이룰 것으로 예상한다. 추가적으로 공급 다양화를 통해 서비스 차별화 및 효율화를 이끌어내는 것이 필요하다. 예컨대 인공지능으로 교통 정체 상황을 분석해 도착 시간 적중률을 높이고, 탑승자의 정확한 위치 데이터를 기반으로 빠른 승차 서비스를 제공하는 등 보다 효율적이고 정확한 이동 경험을 제공할 것으로 보인다.

데이터를 수집하고 디바이스를 차별화하다

앞으로 택시 시장은 고급 택시를 확대하고, 앱 미터기와 같은

앱택시 영업 후 매출액 변화

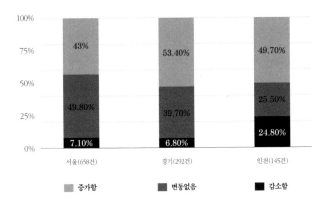

* 출처: 한국교통연구원

IT 기술을 활발히 적용하며, 데이터를 활용해 이동의 효율을 높이는 형태로 발전할 것이다. 우선 GPS 택시 앱 미터기가 본격 도입될 것이다. 카카오모빌리티는 2020년부터 규제 샌드박스를 통해 이 기술을 선보이고 있다. 지도를 기반으로 자동 할증이 적용되는 앱 미터기 기술도 주목된다. 기존 기계식 미터기에선 운행 완료 후 택시 요금을 잘못 입력해 잘못 결제되는 경우가 종종 발생했다. 또 유료 도로를 이용하거나 시계 외 할증 이동으로 추가 요금이 발생할 경우, 운전사가 수기로 할증을 일일이 입력해야 했다. 카카오 T 블루는 운행 완료 이후

앱 미터기를 통한 자동 요금 입력 및 결제 방식을 도입해 이러한 문제점을 해결했다. 기사가 수기로 입력하지 않아도 되기 때문에 운행 안정성이 높아질 뿐만 아니라 승객과의 요금 분쟁이 줄어들 것으로 기대된다.

그러나 무엇보다 주목할 것은 최근 카카오 벤티를 중심으로 성장하고 있는 고급·대형 택시 시장이다. 넓고 안락한 내부 공간을 제공하고 강제 배차를 통해 호출 대기 시간을 줄임으로써 시장에서 좋은 반응을 얻고 있다. 더욱이 요금이 고정된 중형 택시와는 달리 가격 탄력성이라는 장점에 주목해 더 많은 사업자들이 고급·대형 택시 시장에 뛰어들고 있다.

주요 사업자로는 카카오모빌리티, 진모빌리티, 타다가 꼽힌다. 각 회사는 현재 운행 중인 고급·대형 택시를 비롯해 1500대 내외의 차량을 확보해 서울 지역뿐만 아니라 경기, 인천권까지 서비스 지역을 확장하고 있다. 각 회사는 수도권 일부 지역을 중심으로 대형 택시 서비스를 제공하며 각기 다른 방식으로 사업을 이끌고 있다. 카카오모빌리티와 타다의 경우 택시를 직접 보유하지 않고 개인택시 기사와의 제휴를 통해 차량을 확대하는 플랫폼 회사의 특성을 보인다. 반면 아이엠을 운영하는 진모빌리티는 기존에 보유하고 있던 법인 택시 기사를 기반으로 운전사를 직접 고용하며 서비스를 확대하고 있다.

이는 각 회사의 태생에 따른 차이다. 플랫폼을 기반으로 성장한 카카오모빌리티와 타다는 자산을 소유하지 않는 에셋라이트asset light 사업 모델을 표방하는 반면, 진모빌리티는 법인 택시 면허와 차량을 보유하고 직접 택시 서비스를 제공하고 있다. 이에 차량 확대에서도 기존 택시사로부터 면허 및 차량을 매입한 뒤, 별도 기사 고용으로 직접 서비스를 제공한다. 즉 카카오모빌리티와 타다는 연결성에 주목해 개인택시 사업자의 면허 전환과 차량 확보를 통한 가맹 사업으로 확장한다. 반면 진모빌리티는 서비스의 직접 사업자로서 사업을 운영한다. 지난 2022년 초 800억 원 투자 유치 후 삼광교통과 경안운수, 대한상운을 잇따라 인수하며 총 1200개의 택시 면허를 보유하는 데 성공했다.

미래 택시 사업의 핵심 경쟁력을 두 가지만 꼽자면 다양한 이동 디바이스와 데이터다. 데이터에 기반해 승객의 탑승 시각 및 위치를 예측한다면, 승객 실차율을 개선하는 것은 물론 택시 사업 종사자는 수익성을 개선할 수 있다. 특히 카카오모빌리티가 택시 기사에게 제공 중인 '프로멤버십'은 데이터를 활용해 실차율을 개선한다. 기사 입장에선 빅데이터 기반 실시간 수요 지도를 보며 호출 수가 많은 지역이 어딘지 알고 효율적인 동선으로 일할 수 있다. 승객 입장에선 다양한 공간 유형을 가진 택시를 타는 것은 물론 최적 경로를 통해 시간을 단축하고, 사전 예약으로 경로를 예측할 수 있다.

차량 차별화 또한 택시 시장의 무기다. 택시 디바이스들은 편안한 공간과 합리적인 가격을 내세우며 서비스를 고도화해 나갈 전망이다. 또한 앱을 통해 승객의 데이터를 미리 파악해 승객 맞춤형 광고를 택시 내부에 도입하고, 이동 시간 동안 즐길 수 있는 다양한 영상 콘텐츠나 게임과 같은 엔터테인먼트를 제공하며 수익성을 확보할 것이다. 뿐만 아니라 앱 내 자동 결제 기술을 연계함으로써 영유아 카시트 택시, 수면 택시와 같이 맞춤형 서비스가 연동되고 심리스한 결제가 가능해진다.

최근 규제가 완화되고, 요금이 인상되며 택시 시장은 큰 변화를 겪고 있다. 더불어 금리 인상으로 인한 경기 위축과 택시 호출 플랫폼의 독점 이슈는 주요 사업자들에게 새로운 기회인 동시에 도전으로 받아들여진다.

카카오모빌리티는 택시 호출 시장 독점이라는 이슈로 인해 2021년 및 2022년 국정 감사 기간 동안 많은 견제와 비판을 받아 왔다. 실제 카카오모빌리티의 가맹택시 브랜드 카카오 T 블루는 2022년 8월 기준 3만 3108대의 차량을 보유하며, 8만 4803대가 운용 중인 전체 법인 택시 시장의 약 39퍼센트를 점유하고 있다. 또 택시 앱 호출 시장에서도 2021년 말 기준 카카오 T의 점유율은 95퍼센트로 압도적이다.[17] 독점 이슈는 앞으로도 카카오모빌리티의 사업 확장에 큰 영향을 줄 것이다. 카카오 T 블루 가입 수는 과거와 같은 상승폭은 지속하기 어려워 보이며 이에 따른 심야 이동, 공항 이동 수요와과 같이 가격 민감도가 낮고 고급 서비스가 필요한 영역을 키울 것으로 예상된다.

타다의 경우 2020년 4월 '타다 베이직' 서비스를 중단하고 2021년 토스로 인수됐다. 이후 모빌리티와 금융의 시너지를 기대하며 프리미엄 서비스인 '타다 넥스트'를 선보였으나, 2022년 7월 기준 운영 차량 수 350여 대에 그치며 인수후에도 실질적인 임팩트를 주지 못하고 있다. 따라서 유의미한 서비스를 적용하거나 비용 경쟁력을 가질 수 있는, 차량 규모 확대와 같은 새로운 돌파구가 필요하다. 2023년 2월 초 타다와 진모빌리티의 합병 검토 소식이 나온 것 또한 위기를 타파하기 위한 방안 중 하나로 생각된다. 실제 합병까지 이뤄질지는 더 두고 봐야겠지만, 에셋라이트asset light 회사와 에셋헤비asset heavy회사의 결합에선 서로 다른 사업 방향성을 고려한 충분한 검토가 필요할 것으로 여겨진다.

길 위의 킥보드

2019년 이후 킥보드는 서울 도심 어디든 쉽게 볼 수 있는 이동 수단이 됐다. 기기 수가 늘고 고속 운행자가 많아짐에 따라 킥보드가 보행자나 차량과 부딪치는 사고 건수는 2019년 878건에서 2021년 2177건으로 2.5배 증가했다. 그로 인해 킥보드에 대한 인식은 '편리한 이동 수단'에서 '위험한 이동 수단'으로 변했다.[18] 더욱이 이곳저곳에 무질서하게 주차된 킥보드는 도시 미관을 해치며 킥보드 전반의 이미지를 악화했다. 결국 도로교통법에 따라 킥보드 규제는 2020년 12월에 이어 2021년 5월에 한차례 더 강화됐다.

킥보드로 대표되는 마이크로 모빌리티 영역은 다른 모빌리티 분야에 비해 역사가 짧은 편이다. 따라서 해당 시장을 평가하는 목소리도 엇갈린다. 우선 마이크로 모빌리티에서 말하는 '마이크로'의 기준은 무엇인가? 마이크로의 개념은 크게 이동 구간, 거리, 협회별 기준에 따라 정의된다. 먼저 이동 구간에 따라 규정할 수 있다. 버스나 지하철 등 대중교통을 타기 위해 이동하는 퍼스트 마일first mile, 혹은 대중교통 하차 후 최종 목적지까지 도달하는 라스트 마일last mile 등의 구간을 마이크로 구간이라 칭한다. 거리에 따라서도 마이크로를 정의한다. 이동 거리가 0.5~4킬로미터로 짧은 경우가 여기 해당한다. 거칠게 말하자면 '거리를 차량으로 이동하기엔 짧고, 도보로 이동하기엔 체력적·심리적 부담이 느껴지는 이동 거리'다. 마지막은 국제자동차기술자협회SAE International의 기준에 따른 정의다. 차량 중량 227킬로그램, 차량 폭 1.5미터를 넘지 않으며 최고 시속이 48킬로미터 이하이고 전기 모터나 내연 엔진 전원을 탑재한다는 네 가지 기준을 충족하는 차량의 경우 마이크로 모빌리티 디바이스로 분류된다.

마이크로 모빌리티는 퍼스널 모빌리티(PM·Personal Mobility)로도 불린다. 말 그대로 1인이 이동할 때 사용하는 교통수단이 모두 포함될 수 있다. 대부분의 PM은 1~2인승 소형 개인 이동 수단인 킥보드나 전기 자전거이지만 전동 휠이나 세그웨이segway와 같은 디바이스도 해당한다.

국내 마이크로 모빌리티 사업

놀랍게도 국내 마이크로 모빌리티 사업은 '스포츠 및 레크리에이션 용품 임대업'에 해당한다. 마이크로 모빌리티 이동 수단을 빌려주고 돈을 받는 서비스인데 영업 신고나 허가 등의 행정 절차 없이 사업자 등록 신청만으로 영업이 가능하다. 일정한 자격 요건을 갖춰 증빙 서류를 제출해야 영업 허가가 나는 다른 모빌리티 산업과 차이가 있다.

이 사업은 이동 수단과 소비자 소구점value proposition에 따라 몇 가지 특징을 가진다. 첫 번째는 지역성이다. 마이크로 모빌리티는 애초에 단거리 이동 수단으로 출범했다. 그래서 서비스 지역 내에서만 이동이 가능하고, 이 지역을 벗어날 경우 별도 요금을 부과하거나 페널티를 적용한다. 이는 배터리

퍼스널 모빌리티 종류

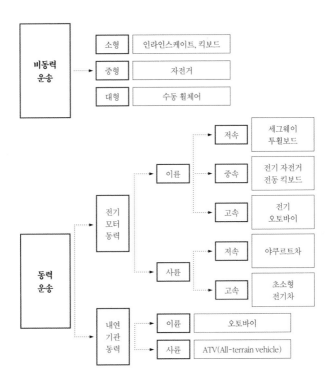

용량이 작기 때문에 이동 거리를 제한함으로써 기기를 효율적으로 관리하고, 수요가 많은 지역에 기기를 재배치하여 기기 가동률을 높이기 위함이다.

두 번째는 지방 자치 단체 협조가 필요하다는 점이다.

'어디서든' 이용할 수 있다는 점이 바로 마이크로 모빌리티의 핵심 가치다. 이를 충족하기 위해선 지자체의 협조가 빠질 수 없다. 전기 자전거 혹은 전동 킥보드를 거리 곳곳에 배치하기 위해선 행정 구역 자치 단체의 허가가 필요하다. 이러한 허가 혹은 협의 없이 기기를 거리에 둘 경우, 도로법상 보행이나 차량 통행을 방해하는 노상 적치물로 간주해 강제 수거될 수 있기 때문이다. 최근 킥보드 및 전기 자전거가 보행자를 방해해 사건·사고가 발생하며 일부 자치 단체에서는 이를 해결하고자 킥보드 전용 주차장을 만들고 있다. 초기 '킥보드'로 시장에 진출한 많은 기업들은 이후 킥보드가 원동기로 분류되고 각종 규제가 늘어나며 어려운 시기를 겪고 있다.

수익 구조는 어떻게 형성되는가

마이크로 모빌리티 사업은 킥보드나 전기 자전거와 같은 디바이스를 대여해 주고 돈을 받는 형태로 수익 구조가 형성돼 있다. 보통 기본 요금에 대여 시간에 따른 추가 과금, 서비스 지역을 벗어나는 페널티 요금 등으로 부가적인 수익을 얻는다. 해당 사업의 구체적인 비용은 기기 감가상각비(구입 가격 및 재판매 고려), 관리비(수리비 포함), 보험비, 인건비, 판관비, 고정비(임차료 등), 초기 투자비의 일곱 개 항목으로 나뉜다.

위에서 언급한 매출 구조와 사업 비용을 하루 단위로

변경해 보면 해당 사업에 대한 매출 및 비용 프로젝션이 가능하다. 실제 마이크로 모빌리티 킥보드 매출/비용 시뮬레이션을 하고자 하는 분들이 활용할 수 있는 예시다.

매출을 산정하기 위해서 몇 가지 필요한 변수는 ①가입 고객 수, ②가입 고객 중 실이용자 비율, ③실이용자 중 매일 킥보드 이용 비율, ④날씨를 고려한 연간 킥보드 이용 일수, ⑤1회 평균 킥보드 매출, ⑥킥보드 수다. 변수들을 활용해 연간 매출을 추정하면 다음과 같다.

〈하루 평균 운행 건수〉

①고객수 × ②실이용자 비율 × ③매일 킥보드 이용 비율

〈하루 평균 매출〉

⑤킥보드 수 × ⑥1회 평균 킥보드 매출

〈연평균 매출〉

하루 평균 매출 × ④날씨를 고려한 연간 킥보드 이용일 수

비용 또한 비슷한 방식으로 산출할 수 있다. 앞서 언급한 사업 비용 일곱 가지를 하루 단위로 치환하면 된다. 물론 정확한 수치는 아니지만 사업을 간략하게 시뮬레이션함에 따

마이크로 모빌리티 매출/비용 프로젝션

		1년	2년	3년	4년	5년
스쿠터 운영 지역(개)		1	4	9	12	15
하루 운행 횟수(총, 건)	-	238	2,231	7,497	14,280	24,098
하루 운행 횟수(1대, 건)	-	1.32	3.10	4.63	6.61	8.93
하루 매출(달러)	-	883,979,600	8,287,308,750	27,845,357,400	53,038,776,000	89,502,934,500
하루 스쿠터 감가비용(원)	-	720,000	2,880,000	6,480,000	8,640,000	10,800,000
하루 보험비(원)	-	71,400	669,375	2,249,100	4,284,000	7,229,250
하루 스쿠터 관리비(원)	-	360,000	1,440,000	3,240,000	4,320,000	5,400,000
하루 인건비(원)	50,000,000	600,000	2,400,000	5,400,000	7,200,000	9,000,000
하루 고정비(원)	500,000,000	2,000,000	2,000,000	2,000,000	2,000,000	2,000,000
하루 판관비(원)	매출의 20%	133,280	1,249,500	4,198,320	7,996,800	13,494,600
초기 투자비(원)	500,000,000	-	-	-	-	-
하루 총 비용(원)	-	5,884,680	10,638,875	23,567,420	34,440,800	47,923,850
연간 매출(원)	-	166,600,000	1,561,875,000	5,247,900,000	9,996,000,000	16,868,250,000
연간 비용(원)	-	1,471,170,000	2,659,718,750	5,891,855,000	8,610,200,000	11,980,962,500
이익(원)		-1,304,570,000	-1,097,843,750	-643,955,000	+1,385,800,000	+4,887,287,500
근사값(원)	100,000,000	-13억	-11억	-6억	+14억	+49억

라 매출 및 비용 효율화에 대한 인사이트를 얻을 수 있다. 예를 들어 내구성이 강한 킥보드의 내용 연수를 2년으로 바꿀 수 있다면, 감가상각비는 반으로 줄어든다.

규제를 둘러싼 시민과 사업자

마이크로 모빌리티는 디바이스에 따라 도로교통법, 자전거법, 자동차관리법 등의 규제를 받는다. 그중에서도 도로교통법은 우리가 흔히 이용하는 원동기 디바이스를 규제한다. 전에 없던 디바이스가 인도와 차도로 나오며 도로 상황을 혼란스럽게 만들던 차, 정부는 전동 킥보드를 원동기로 분류하고 2021년 5월부터 다음처럼 도로교통법 개정안을 시행했다.[20]

- 만 16세 이상 원동기 면허 이상 소지한 운전자만 전동 킥보드를 운전할 수 있으며, 면허 없이 운전 중 적발되면 범칙금 10만 원을 부과한다.
- 인명 보호 장구(헬멧)를 착용하지 않으면 범칙금 2만 원을 부과한다.
- 2인 이상 탑승 시에는 범칙금 4만 원을 부과한다.
- 13세 미만 어린이가 운전하다가 적발 시 보호자에게 과태료 10만 원을 부과한다.

규제가 강화되며 정부 및 지방 자치 단체들도 강제 견인을 확대했다. 서울의 경우, 2021년 7월부터 성동구, 도봉구, 마포구 등 15개 자치구에서 불법 주정차 전동 킥보드 견인 조치를 시행했고 이후 이를 중구, 동대문구, 서초구까지 확대했다. 2022년 1월, 서울의 25개 구에서 본격적으로 견인 조치를 수행하고 있다. 이러한 확대 견인 경향은 경기도까지 퍼지고 있으며, 경기 이천시는 2023년 2월부터 이미 견인을 시행하고 있다.

시민들 입장에선 호재다. 킥보드가 지하철역 부근에 널브러져 있는 불법 주차 광경이 사라지고, 도로에 난입하는 일이 줄어들며 안전한 보행이 가능하다. 반면 국내 마이크로 모빌리티 사업자들은 규제에 따른 막대한 손실을 보고하고 있다. 킥보드 견인 시 업체는 한 대당 4만 원의 견인료와 30분당 700원의 보관료를 지불해야 한다. 서울시 자료에 따르면 2021년 9월 기준 누적 킥보드 견인 건수는 총 8360건으로, 이로 인한 견인료와 보관료는 3억 1918만 원에 달한다.[21]

자전거로 넘어간 킥보드

규제가 강화되며 시장의 판도는 크게 바뀌고 있다. 주요 사업자가 시장에서 철수한 것이 대표적이다. 2021년 9월 유럽 시장에서 입지를 넓히고 있는 독일 윈드모빌리티의 공유 킥보드 서비스 윈드가 철수했고, 12월에는 '전기를 통해 다른 곳으로 이동한다'는 뜻을 지닌 싱가포르의 뉴런모빌리티가 사업 철수를 밝혔다. 이어 2022년 6월 30일에는 글로벌 마이크로 모빌리티 기업 라임이 한국 서비스를 종료했다. 철수의 공통적인 이유는 예측 불허의 정책 변화와 이에 따른 이용자 급감이었다. 대표적으로 라임은 2021년 5월 규제 발표를 기점으로 이용자 수가 급감했다. 2021년 4월 24만 명의 이용자를 확보했으나, 이는 1년 만인 2022년 5월 8만 명으로 줄어들었고 견인료를 지불하며 더 큰 출혈을 봤다.[22] 라임뿐 아니라 마이크로 모빌리티 사업 전반이 타격을 입었는데, 이는 월간 활성 이용자 수MAU에서 드러난다. 지쿠터, 씽씽, 킥고잉의 2021년 4월 MAU는 각각 46만 2000명, 31만 4000명, 24만 명이었다. 하지만 2022년 4월 각사의 MAU는 39만 2000명, 18만 명, 14만 명으로 15~43퍼센가량 급감했다.

주목할 지점은, 킥보드가 아닌 전기 자전거를 디바이스로 선택했던 일레클의 경우 MAU가 2021년 4월 3만 4800명에서 2022년 4월 17만 1500명으로 크게 늘었다는 것이다.[23] 킥보드는 원동기로서 규제의 대상이었던 반면 전기 자전거는 자전거에 해당돼 규제받지 않은 것이다. 이는 마이크로 모빌리티 사업자들이 비즈니스 모델을 바꾸는 데 영향을 미쳤다. 규제 강화 전까지 마이크로 모빌리티 수단의 대부분은 킥보드였다. 전기 자전거를 제공하는 곳은 일레클, 카카오 T 바이크뿐이었다. 그러나 규제 이후로 다수 킥보드사들이 전기 자전거로 디바이스를 변경하기 시작했다. 대표적으로 킥고잉을 운영하는 올룰로는 2022년 7월 전기 자전거 공유 서비스를 출시했다. 씽씽을 운영하는 피유엠피, 더스윙을 운영하는 스윙, 지쿠터를 운영하는 지바이크 모두 전기 자전거 확대 및 출시를 준비하고 있다.

뿐만 아니라 기존 킥보드 서비스에 신기술이 도입되고 있다. 킥고잉은 킥보드 전용 주차장인 킥스팟을 통해 전동 킥보드를 반납하는 이용객에 한해 이용 요금을 할인해 주거나 주변 상점 쿠폰 등을 제공했다. 불법 주차 문제를 해결하기 위해선 AR과 GPS 기술을 결합해 유저가 전동 킥보드 반납 시 앱을 통해 주차 가능 지역을 파악할 수 있도록 했다. 또 다른 전동 킥보드 공유 플랫폼 디어DEER는 킥보드 자동 주차 기술을 개발 중이다. 킥보드가 마지막으로 주차된 장소 주변의 도로 경계석, 점자 블록, 방해물 등을 파악해 보행자 및 운전자들이 불편하지 않도록 적절한 곳에 디바이스 스스로 주차할 수 있도록 한 것이다.

전동 킥보드에서 전기 자전거로의 전환, 혹은 이동 디바이스의 추가는 단순히 기기가 늘어나는 것만을 의미하지 않는다. 서비스 제공 회사에서 가장 중요하게 고려해야 할 요소의 하나는 운영의 효율화다. 기기가 다양해지면 자연스럽게 관리의 효율성을 높이는 데 장애로 작용한다. 고려해야 할 요소가 두 배 이상 늘어나기 때문이다. 운영적 부담이 배가 되고 이를 효율화할 수 있는 방법을 궁리하지만, 해결책을 찾기 어렵기 때문에 기존 전동 킥보드 사업자들이 전기 자전거로 카테고리를 변경하거나 확장하기 주저하는 것으로 보인다.

물론 전략적 관점에서 전동 킥보드사가 전기 자전거로 종목을 변경하거나 늘리는 것은 리스크를 줄이고 사업을 확장하기 위해 옳은 선택이다. 다만, 시점의 문제라고 생각한다. 위와 같은 노력에도 불구하고 고객 불편에 따른 이용자 감소로 현재 마이크로 모빌리티 시장 전반은 위기를 겪고 있다. 시기적으로 새로운 투자를 받거나 생존을 위한 자금을 확보 및 유치할 타이밍을 고려할 때 이는 마이크로 모빌리티 사업자로서 쉽지 않은 결정이 될 것임은 분명하다.

옥석 가리기가 시작됐다

2022년은 인플레이션의 해였고 이에 따른 금리 인상으로 모빌리티 업계도 큰 타격을 받았다. 하지만 마이크로 모빌리티 회사의 경우 비교적 활발히 투자 유치가 이뤄지는 편이다. 디어는 2022년 1월 현대해상으로부터 투자를 유치했으며, 같은 시기 킥고잉은 삼천리자전거로부터 40억 원의 투자를 유치했다. 또한 알파카를 운영하는 매스아시아의 경우에도 롯데벤처스, 대덕벤처파트너스 등으로부터 투자를 유치했으며 2022년 2월, 스윙이 300억 원의 공격적인 투자를 받으며 화제가 되기도 했다.

2022년에 마이크로 모빌리티 회사가 연달아 투자에 성공한 것은 많은 기 사업자들이 흑자 전환에 성공했기 때문이다. 초기 마이크로 모빌리티 업체는 이용자 확보와 서비스 운영에서 큰 성과를 내기 위해 작은 절차들을 학습해 나가는 레슨앤런lesson&learn 단계를 거치며 운영의 효율화를 이뤘다. 또한 기기 내구성 강화로 고정 비용이 낮아지고 기기 수가 폭발적으로 증가해, 규모의 경제가 흑자 전환에 기여한 것으로 추정된다. 규제 강화로 인해 이용 건수 자체는 저하했으나, 기술 고도화를 통해 규제 안에서 비즈니스의 돌파구를 찾은 것이다. 이러한 업체들의 노력으로 현재 마이크로 모빌리티 시장에선 투자 유치와 더불어 업체 간의 옥석 가리기가 시작된 것으로 보인다.

현재 국내 마이크로 모빌리티 업체는 대략 20여 개로 경쟁이 치열한 상황이지만, 2024년까지 업체 간 인수 합병이 활발히 이뤄지며 4~6개로 정리될 것으로 예상한다. 즉, 규모를 키우지 못한 업체는 도태되거나 혹은 큰 사업자에 흡수될 것이다. 지난 2022년 9월, 지바이크가 제트ZET를 인수하며 라스트 마일 모빌리티계의 인수 합병은 이미 시작됐다.

　마이크로 모빌리티 시장은 최근 3~4년 동안 많은 업체가 참여하며 급격하게 성장했지만, 규제로 인해 기술과 자본 및 이용자를 확보한 경쟁력이 갖춘 기업만이 살아남을 수 있게 됐다. 이후 마이크로 모빌리티 사업은 크게 다섯 가지 방향으로 성장할 것으로 보인다.

- 디바이스의 확장
- 사업 모델의 확장
- 기술의 확장
- 비즈니스 영역의 확장
- 해외 시장 진출

　우선 킥보드 외 다양한 디바이스가 나올 것이다. 간단하게는 전기 자전거와 전동 휠부터 전기 스쿠터까지도 추가될 수 있다. 마이크로 모빌리티가 이동의 목적에서 여가의 목적, 즉 즐기는 수단으로 활용될 가능성이 커지기 때문이다.

　또 사업 모델이 커진다. 기존 마이크로 모빌리티 사업 모델은 단기 대여, 즉 기본 이용료에 추가 요금이 과금되는 방식이었다. 하지만 월간 멤버십 등 여러 구독 상품이 나오면서 이용 형태가 다양해질 것이다. 단순 이동이 아니라 모빌리티

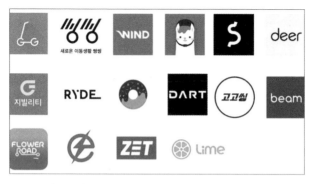

국내 주요 마이크로 모빌리티 회사

를 통해 여가를 즐기려는 니즈를 충족하기 위해서도 다양한
상품을 개발할 것이다.

기술적인 확장도 예상된다. 현재 마이크로 모빌리티 분
야에선 규제 및 안전상의 문제를 해결하고자 다양한 기술이
고도화되고 있다. 이에 따라 업체 간의 주요 경쟁 요소는 바로
이 기술 격차가 될 것이다. 특히 자율 주행 기술과 정교한 위
치 기반 기술을 도입하고, 유저가 이동하는 동안 부가 서비스
를 이용할 수 있도록 빅데이터를 적극 활용하며, 킥보드가 가
진 데이터를 기반으로 수리 시점을 예측하고 유저의 운전 패
턴을 종합적으로 분석할 것이다.

비즈니스 영역도 확장된다. 디바이스 기반 사업에 덧붙
여 개인화 부가 상품을 판매하는 비즈니스가 늘어날 것이다.

또한 배터리 기반의 사업인 만큼 배터리 및 충전 거점 관련 사업을 키우고 더 많은 기업, 특히 편의점과의 제휴 확대는 필히 이루어질 것이다.

마지막으로 해외 진출에 주목한다. 국내 규제 강화로 인해 사업 확장에 어려움을 겪고 있는 많은 마이크로 모빌리티 사업자들은 해외로 눈을 돌리고 있다. 대표적으로 스윙은 일본 도쿄에 2022년 7월 15일 정식 서비스를 개시했다. 국내에서 축적한 킥보드 사업의 노하우를 바탕으로 해외에 진출한 것이다. 특히 일본은 도로교통법을 개정하면서 전동 킥보드 면허 필수 조항이 삭제됨에 따라 모빌리티 분야의 공유 서비스는 더욱 활성화될 것으로 보인다. 지바이크 또한 미국 및 태국으로 진출했다. 2022년 미국에 해외 법인 설립을 마치고 미국 로스앤젤레스에서 시범 운영 중이며, 2022년 9월 태국 까셋삿대학교Kasetsart University와 MOU를 맺고 태국 시장 진출을 준비하고 있다. 향후 다른 마이크로 모빌리티 사업자들 역시 해외로 진출할 것으로 예상된다.

쏘카, 렌트의 경험을 제시하다

렌터카rent-a-car란 일정 기간 유상으로 대여된 차량을 뜻한다. 국내 렌터카 사업의 시작은 1975년 7월, 서울에서 개업한 대한렌터카였다. 이후 88올림픽 당시 외국인 관광객들의 편의를 증진하고자 렌터카 사업이 본격적으로 성장하기 시작했다. 자가용을 렌터카로 불법 영업하는 것을 단속하고자 처음엔 자동차 번호판에 렌터카용 용도 기호 '허'를 독점적으로 사용했고 이후 '호'와 '하'가 추가됐다.

국내 렌터카 사업은 여객자동차운수사업법상 자동차 대여사업에 의해 관리받는다. 1년 이상 대여하는 장기 렌터카 상품이 전체 시장의 주를 이루는 반면, 제주도의 경우 관광 특성이 반영돼 단기 렌터카 상품이 다수를 차지한다. 2010년대부턴 공유경제가 활성화되고 IT 기술이 고도화되며 초단기 렌터카, 즉 카셰어링 사업이 등장했다. 그중에서도 국내 1위 카셰어링 기업, 쏘카에 집중할 필요가 있다.

처음엔 차량 20대였다

제주도에 본사가 있는 다음Daum에서 일했던 김지만 대표는 제주도를 기반으로 할 수 있는 사업을 찾던 중 카셰어링을 떠올렸다. 당시 제주도는 대중교통 인프라가 빈약해 집마다 차량을 최소 한 대 이상 보유하고 있었고, 차량 보유 가구의 비율이 전국에서 가장 높은 곳 중 하나였다.

김지만 대표는 제주도 주민들이 가계 경제가 다른 도시에 비해 넉넉하지 않은데 자차 보유율은 매우 높은 현실에 부담을 느끼고 있을 것이라 예측했고, 제주도가 가진 친환경적

이미지를 고려해 카셰어링 사업을 결심했다. 이것이 쏘카의 시작이다.

그렇게 2011년 10월 31일 쏘카가 출범했다. 차량은 단 20대, 소셜 벤처 전문 투자 업체 소풍SOPOONG의 투자를 통해 카셰어링 사업을 시작했다. 비슷한 사업을 하는 회사로는 롯데렌터카, SK렌터카 등이 대표적이지만 쏘카는 이들과는 달리 '초단기' 렌터카 서비스 혹은 차량 공유 서비스로 분류할 수 있다.

차량 공유 서비스는 크게 카셰어링, 라이드셰어링, 카헤일링으로 나뉜다. 그중 카셰어링은 P2P 카셰어링, 스테이셔너리Stationary 카셰어링, 프리플로팅Free-Floating 카셰어링으로 분류되며 각각의 특징은 표로 확인할 수 있다. 쏘카의 비즈니스 모델은 이 중 프리플로팅 카셰어링에 해당한다.

쏘카의 차별점은 차량 이용의 허들을 낮췄다는 것이었다. 기존 단기 렌터카 업체가 제공하지 않던 10분 단위 차량 대여 모델을 고객에게 제공했다. 특히 고가의 차량을 구매할 수 없는 사회 초년생, 서울 근교로 이동 시 차량이 굳이 하루 종일 필요하지 않은 2030 세대는 쏘카의 카셰어링을 합리적인 서비스로 받아들였다. 또 쏘카의 앱 기반 예약 및 차량 제어 시스템 또한 디지털에 익숙한 MZ세대가 손쉽게 접근할 수 있는 문법이었다.

이후 쏘카가 성장의 부스트를 받은 것은 2013년 1월, 서울시 나눔카 사업자로 선정되면서였다. 서울시는 대기 환경 개선을 위해 교통량을 감축하고자 다양한 사업을 진행했고, 당시 전 세계적으로 유행하던 카셰어링 사업에 관심을 가졌다. 서울시 나눔카 사업자로 선정된 쏘카는 대중의 주목을 바탕으로 부산, 인천, 경기 지역으로 사업을 확장해 전국적인 서비스로 발돋움했다.

급속도로 성장한 쏘카가 주력했던 세 가지는 거점, 회원, 그리고 차량이었다. 우선 카셰어링 사업에선 차를 주차하고 관리하고 대여할 만한 거점이 필수적이다. 쏘카는 지차체와의 협업을 통해 주차장을 안정적으로 확보했고, 이를 기반으로 고객과의 접점을 확대할 수 있었다. 또 회원 확보를 위해 20대를 타깃으로 한 마케팅 전략을 펼치며 인지도를 높였다. 경쟁사인 그린카보다 발 빠르게 대규모 마케팅을 진행하며 국내 시장을 선점했다. 2015년 당시 유명 모델인 이성경과 남주혁이 나오는 TV 광고를 송출하고, 20대에게 인기가 높은 BMW 미니, BMW 520d, 테슬라S 등의 차량을 이용해 각종 이벤트와 프로모션을 진행하며 20대 고객의 관심을 끌었다. 마지막으로 차량 확보에 힘썼다. 쏘카는 현재 해당 사업 분야에서 차량 수 기준 1만 8000여 대로 1위를 차지하고 있으며, 이는 2위인 그린카보다 7000~8000대 정도 많은 수준이다.

차량 공유 서비스의 분류

	카셰어링			라이드셰어링	카헤일링
P2P 카셰어링	스테이셔너리 (Stationary) 카셰어링	프리플로팅 (Free-Floating) 카셰어링		자동차 소유자와 이동 방향이 비슷한 이용자를 연결해 주는 서비스	차량을 보유한 사업자와 고객을 연결해 주는 서비스
자동차 소유자가 이용자에게 차량을 대여하는 서비스	이용자가 서비스 지점에 방문해 차량 대여와 반납을 진행하는 서비스	이용자가 서비스가 가능한 특정 장소를 검색해 차량 대여와 반납을 진행하는 서비스			

이처럼 쏘카는 거점 확보→회원 확보→차량 확보의 선순환 사이클을 만들며 2014년 10월 180억 원, 2015년 11월 650억 원 규모의 투자를 유치했고 이를 통해 추가 차량 공급에 필요한 자금을 확보했다.

왜 시장의 외면을 받았나

쏘카는 이후 여러 차례에 걸쳐 투자를 유치했다. 현재까지 누적 투자액은 3300억 원에 달하고 2020년에는 에스지프라이빗에쿼티SG Private Equity, 송현인베스트먼트로부터 600억 원 가량의 투자 유치에 성공하며 1조 1000억 원의 기업 가치를 인

정받았다. 2021년 진행된 쏘카의 IPO 주관사 선정 과정에서는 많은 증권사들이 쏘카의 기업 가치를 1~5조 원까지 제시하기도 했다.

IPO 준비 당시 쏘카는 경쟁사로 우버, 리프트, 그랩을 포함한 열 곳의 글로벌 차량 공유 업체를 선정했다. 강조했던 것은 '플랫폼' 기업으로서의 확장성, 그리고 타 렌터카 회사가 가지 못한 차별점이었다. 하지만 기관 투자자를 대상으로 한 수요 예측에서 참패했고, 기대했던 공모가보다 낮은 가격으로 상장을 진행해야 했다. 2022년 8월 증시에 상장한 쏘카는 2023년 4월 말 현재 6000억 원 수준의 시가 총액을 유지하고 있다.

작년까지만 해도 유니콘 기업으로 최대 5조 원까지 기업 가치를 평가받던 쏘카는 왜 시장의 외면을 받게 됐을가? 전 세계적인 금리 인상에 기인한 투자자들의 투자 심리 약화와 같은 대외적인 상황과, 미래의 성장보다는 당장의 수익에 집중하는 투자자들의 보수적인 평가가 주 이유다. 성장 가능성에 큰 기대를 걸었던 2020년대 초반과 달리, 지금 쏘카가 영위하는 사업을 평가해 시가 총액이 정해진 것으로 보인다. 따라서 쏘카의 기업 가치는 모빌리티 시장 전반의 변화와, 이에 따라 쏘카가 어떤 비즈니스 모델을 제시하는지에 따라 결정될 것이다.

우선 시장 변화에 주목해야 한다. 현재 자동차 산업 분야는 오너십ownership 중심에서 유저십usership 중심으로 변하고 있다. 특히 코로나19는 당장 자동차 구입이 어려운 20~30대에게 차량 이용의 기회를 쉽게 제공하며 이 현상을 가속화했다. 그럼에도 국내 시장은 아직까지도 오너십을 중심으로 움직이고 있다. 쏘카 내부적으로 오너십에서 유저십으로의 전환이 얼마나 빠르게 진행되냐에 따라 미래가 달라질 것이다. 또 최근 국내 모빌리티 시장은 하나의 서비스를 깊게 파는 것이 아니라 다양한 서비스를 제공하고 각각의 영역에서 모두 두각을 드러내야 하는 형태로 확대하고 있다. 쏘카가 이러한 심리스한 모빌리티 서비스 경험에 얼마나 잘 대처할지가 중요하며, 이는 쏘카뿐만 아니라 카셰어링 업체 전반이 주목해야 할 시장 흐름이다.

쏘카 내부적으로도 여러 사업적 전략을 펼쳐야 한다. 무엇보다도 플랫폼 기업으로서의 가치를 강조하는 것이다. 현재 확보한 가입자 800만 명의 고객을 자산으로 인지하고 인당 서비스 이용 횟수를 늘려야 한다. 이렇게 일반 고객이 쏘카의 충성 고객으로 전환하는 비율이 커진다면 매출 또한 자연스레 늘 것이다. 두 번째로 현재 카셰어링 서비스의 수익성을 확대해야 한다. 비용 구조상 카셰어링으로 수익을 내는 것은 결코 쉬운 일이 아니다. 자동차라는 비싼 고정 자산에 투자하는 고객을 유인하기 위해, 택시보다 크게 높지 않은 요금으로 카셰어링을 운용하며 수익을 내는 데엔 한계가 있다. 그렇기 때문에, 카셰어링 운영 시 발생하는 교통사고나 차량 이동비 등 외적 변수 비용을 최대한 줄이고, 안정적인 매출 구조를 갖는 상품을 출시해야 한다. 마지막으로 현재 연구·개발 중인 인공지능과 빅데이터 기술 역량, 자율 주행 기술 등을 기반으로 서비스 혁신을 계속 도모해야 한다. 단순 연결 플랫폼과, 기술 역량을 보유한 기업의 가치는 차이가 크다. 다양한 차량 관제 기술 및 편의 기술을 개발함으로써 플랫폼을 차별화해야 한다.

쏘카의 상장은 여러 모빌리티 스타트업에게 의미가 컸다. 모빌리티 시대를 열며 1세대 기업으로 출범한 소카는 수차례 성장과 좌절을 경험했고, 다사다난한 IPO를 실현했으나 이는 쏘카라는 플랫폼의 완성이 아닌 새로운 도약을 의미한다. 과거 10년 동안의 성과가 IPO라면, 앞으로 10년 동안은 모빌리티 산업의 대표 기업으로 성장할 것을 기대해 본다.

물류, 솔루션이 되다

LaaS와 MaaS를 구분하는 가장 큰 기준은 이동하는 대상이 '사람'이 아닌 '사물'이라는 점이다. LaaS(Logistics as a Service)는 쉽게 말해 물류 서비스다. 물류 전문가를 고용하는 회사의 운송 네트워크부터, 생산 시설에서 창고, 소매업체 및 최종 사용자까지 연결하는 인바운드와 아웃바운드 물류를 모두 포함한다. 즉 LaaS는 자동차, 기사, 앱, 솔루션 등 다양한 종류의 유무형 자산은 물론 기술과 사람을 활용해 고객이 원하는 수준의 서비스를 제공한다. 2020년 국내 물류 산업의 총 매출 규모는 114조 원으로 75만 명이 종사하고 있다.[23]

사실 LaaS 산업은 앞서 살핀 산업과 명확히 구분되기보단, 물류 산업에 포함된 다양한 항목을 고객의 목적에 맞게 재구성해 전달하는 것이다. 고객이 원하는 서비스를 제공한다는 목적하에 LaaS는 물류 영역에 포함된 하나의 아이템 혹은 기능일 수도 있고, 혹은 전체 프로세스를 담은 풀 패키지full package일 수도 있다.

흔히 말하는 '물류 회사'엔 다양한 물류 솔루션이 사용된다. 입출고, 창고 관리, 주문 관리, 운송 관리, 물류비 관리 등 각종 분야에 솔루션이 있다. 이 모든 솔루션은 과거 대기업을 중심으로 통합 제공 및 운영·관리되는 형태였으나, 최근에는 분야별 전문 시스템을 도입해 효율을 높이고 있다.

일례로 2022년 카카오모빌리티는 테크 컨퍼런스 '넥스트 모빌리티: 네모NEXT MOBILITY: NEMO 2022'에서 특화된 LaaS 서비스로 TMS 솔루션을 소개했다. GS리테일과 PoC 방식으로 진행한 LaaS 서비스는 카카오모빌리티의 강점인 내비게이션과 실시간 교통 정보, 미래 운행 정보를 토대로 경로를 탐색하고 서비스 안정성을 높여 분배와 배송에 최적화한 배차·경로 솔루션이다. 두핸즈DOHANDS는 '품고'라는 이름의 풀필먼트 서비스를 제공하며 주목받고 있다. '이행'을 뜻하는 영단어 풀필먼트fulfillment에서 차용한 이름으로, 온라인 유통 산업에서 고객의 주문에 따라 오프라인 물류센터의 재고 관리부터 선별, 포장, 출고 및 배송까지 처리해 준다. 이때 상품 판매자는 물류 창고나 배송 서비스를 하나의 맞춤형 솔루션으로 제공받을 수 있다. 이외 마이창고, 위킵 등도 유사한 서비스를 제공하고 있다.

이렇듯 LaaS 산업은 종류와 규모가 다양해지며 기존 물류 영역을 전문화하거나 다른 분야와 통합하는 형태들의 서비스를 출시하고 있다.

라스트 마일에 투자하라

물류는 크게 화물운송업, 물류시설업, 물류서비스업으로 나뉜다. 화물운송업은 해상, 육상, 항공, 파이프라인 운송으로 분류되며 그중에서도 이 책에선 육상 운송, 즉 화물자동차 운송에 집중하고자 한다.

자동차 운송은 다른 운송과 몇 가지 차이가 있다. 첫째로 물건을 옮기는 차종이 다양하다. 차종이 여러 가지라는 것은 고객이 원하는 형태의 운송이 가능하다는 것을 의미한다. 물건 종류에 따라 냉장·냉동 및 보안 시설 등 특수 설비를 갖추는 것부터, 고객이 원하는 시점에 차를 탄력적으로 배차하고 도어투도어door-to-door 서비스를 제공하는 것까지 다양한 서비스를 제공할 수 있다. 물건 집하 또한 상대적으로 편리하다.

또 자동차 운송은 다른 운송 수단과의 연결 고리 역할을 한다. 해상 운송에서 항공 운송으로, 또는 해상 운송에서 해상 운송으로 가는 여정을 잇는다. 특히 컨테이너 기반 운송의 경우 화물을 보내는 작업장이나 물건을 받는 창고까지 보내는 복합 운송도 가능해, 운송의 완결성이 높다.

다른 운송에 비해 고정 자본 투입도 용이하다. 도로망 발달과 자동차 개선은 운송의 안전성과 신속성을 높였다. 다만 다른 운송 수단에 비해 통행료나 차량 수리비, 유류비와 같은 변동비가 높다는 단점이 있다.

다품종 소량 이동 및 다빈도 운송이 가능하다는 장점도 있다. 같은 육상 운송인 철도에 비해 소량 화물을 훨씬 신속히 옮긴다. 그래서 택배나 음식 배달 같은 부피가 작은 물건을 자주, 혹은 신속·정확하게 운송하는 데 적합하다.

마지막으로 자동차 운송은 기본적으로 중단거리에 적합하고, 중량에 제한을 많이 받는다. 차종에 따라, 거리에 따른 경제성에서 차이가 난다. 대형 화물차의 경우 장거리 이동이 경제적인 반면, 이륜차는 단거리 이동을 통해 신속성을 높인다.

자동차 화물의 운송 구간은 물건이 이동하는 구간에 따라 크게 퍼스트 마일, 미들 마일, 라스트 마일로 구분한다. 이중 퍼스트 마일과 미들 마일이 자동차 화물 시장의 75퍼센트를 차지하고, 나머지 25퍼센트는 라스트 마일 시장으로 본다.

퍼스트 마일 물류는 원자재를 비롯해 생산을 위해 필요한 물류를 이동시키는 조달 물류다. 미들 마일 물류는 공장에서 완성된 제품이 유통업체를 거쳐, 물류센터로 이동하기까지의 유통 물류다. 보통 화물자동차 영역이 여기 해당한다. 퍼스트 마일과 미들 마일은 보통 기업, 정부, 유통사와 같이 단체 간 이동이 주를 이룬다. 라스트 마일은 그와 달리 물류센터에서 소비자에게 전달되는 구간의 물류다. 보통 소형, 경량의 화물이 이동하기 때문에 '생활 물류'로도 불린다. 라스트 마일은 배송delivery으로 불리는 택배 시장과 퀵 서비스, 배달 대행 시장으로 구분된다. 이 책에선 자동차 화물 시장 중에서도 라스트 마일 영역의 배송과 배달에 집중한다.

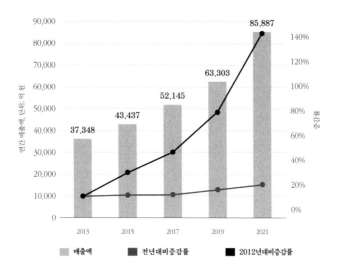

국내 택배 시장 매출 추이

凡例: 매출액 / 전년대비증감률 / 2012년대비증감률

* 출처: 국가물류통합정보센터, 2021

쉽게 말해 배송은 택배를, 배달은 음식 배달을 뜻한다. 배송과 배달, 두 시장의 성장률은 평균 물류 시장의 성장률을 훨씬 웃돈다. 국가물류통합정보센터에 따르면 2021년 국내 택배 시장의 총 매출액은 8조 5800억 원으로 전년 대비 14.6퍼센트 성장했다. 이는 2008~2020년 물류 시장 평균 성장률이었던 1.9퍼센트와 비교하면 일곱 배 이상 높아진 수치다. 또 우리가 가장 흔히 보고, 이용하는 택시의 경우 2012~2021년

평균 시장 성장률이 7.7퍼센트임을 감안하면 택배 시장의 성장세는 괄목할 만하다.

라스트 마일 시장엔 신규 투자가 몰리고 있다. 꾸준했던 성장률뿐만 아니라, B2C 고객과 접점이 크다는 점에서 유망한 신사업으로 보는 것이다. 예를 들어 편의점 배송과 같이 기존 물류망을 활용해 이동 거리가 비슷하면서도 저렴하고 소비자 접근성이 좋은 서비스들이 개발되고 있다.

노동력에서 빅데이터로

이러한 급격한 변화 속에서 법과 제도의 부재로 체계적인 사업을 진행하는 데 차질이 생기고 있다. 생활 물류 시장에서 일하는 노동자의 열악한 근무 환경과 불공정한 계약 관계 등 사회적 이슈들이 수면 위로 떠올랐다. 정부는 이를 해결하고자 2021년 1월 별도 생활물류서비스산업발전법, 일명 '생활물류서비스법'을 제정했다. 이 법에 따라 택배 서비스업과 소화물 배송 대행 서비스업도 별도의 기준을 마련했다.

그동안 화물차 수급 중심으로 관리돼 온 택배 서비스업은 생활물류서비스법에 의해 등록제로 전환됐다. 자유업이었던 배달 및 퀵 서비스업은 우수 사업자 인증제를 도입했다. 이를 통해 난폭 운전 방지 교육 등 종사자 안전과 처우 개선 노력을 평가해 우수 업체를 인증하고, 우수 업체에 각종 인센티

물류의 과거와 현재

	전통 물류	생활 물류
고객	B2B(화주 기업)	B2C(소비자, 자영업자)
품목	중대형, 대량 소빈도 화물	소형, 소량 다빈도 화물
운송 수단	중대형 화물차	소형 화물차, 이륜차, 드론
기술	노동력 기반	IoT, AI, 빅데이터 기반
정기 운송	계약 기반 정기 배송	온디맨드 기반 비정기 배송

브를 지원함으로써 시장의 자율적 개선을 유도하고 있다.

생활물류서비스법이 제정된 주요한 이유 중 하나는 라스트 마일의 생활 물류 운송이 기존 자동차 화물 운송법에 포함되기 어렵다는 점이었다. 우선 생활 물류 서비스는 고객이 다르다. 전통 물류의 고객은 화주 기업(B2B)인 경우가 많았던 반면 생황 물류의 고객은 소비자(B2C), 자영업자 등 다양하다. 품목을 보더라도 전통 물류가 중대형, 대량 소빈도 화물이라면, 생활 물류는 소형, 소량 다빈도 화물이다. 따라서 운송 수단 및 기술에도 차이가 있다. 전통 물류는 중대형 화물차를 운전하고, 사람의 노동력을 기반으로 한다. 반면 생활 물류 수단은 소형 화물차, 이륜차, 드론 등으로 다양하며 IoT, 인공지능, 빅데이터 등 여러 기술이 필요하다. 프로세스상의 차이도 있다. 전통 물류는 대부분 송화주(고객)과 수화주(고객) 사이의 이동으로 이뤄졌다. 그래서 창고에 보관하거나 직접 수화주에게 배송했다. 반면 생활 물류인 택배와 배달 대행은 운송→의뢰→집하→분류→운송의 형태로 이뤄진다. 다음 장에선 각 물류망의 위기와 전략을 분석해 본다.

일상을 파고든 물류망

택배, 배달 대행, 퀵 서비스는 언뜻 보면 비슷해 보이지만 각각엔 큰 차이가 있다. 우선 택배는 일정 운임을 받고 개인 또는 기업으로부터 소화물의 운송을 의뢰받아 지정 장소까지 수송하는 것이다. 흔히 배송이라 불린다. 배달은 배달 대행과 퀵 서비스로 나뉜다. 과거의 배달 대행은 음식, 백화점 의류 등 도시 내 단거리를 오가던 배송 서비스로 이륜차와 소형 승합차를 주로 활용했다. 이와 달리 퀵 서비스는 매우 빠른 속도로 도시 내 혹은 도시 간을 오가며 소량 화물을 운송한다. 즉 생활 물류는 배송과 배달로 크게 나뉘며 배송엔 택배가, 배달엔 배달 대행과 퀵 서비스 등이 포함된다.

배송과 배달, 두 시장 모두 고객을 직접 대면하는 라스트 마일 시장이라는 점에서 유사하다. 그러나 서비스 이용 사례use case와 수익을 최대화하는 방식에선 차이가 있다. 배송 즉 택배에선 1회 출차 시, 이동 횟수가 적고 배송 물건이 많을수록 수익이 커진다. 반면 배달 시장에선 공급 즉 기사 수가 적고, 수요 즉 소비자가 많은 지역에서 짧은 시간에 여러 건을 처리할 때 수익을 극대화할 수 있다.

이동 수단 및 물품에 따라서도 구분된다. 택배에선 1톤짜리 사륜 차량을 기본으로 사용한다. 반면 배달 대행과 퀵 서비스는 이륜차가 쓰인다. 다만 같은 이륜차라고 하더라도 배

택배, 배달 대행, 퀵 서비스 비교

	택배	배달 대행	퀵 서비스
근로 시간(일)	11.8시간	9.7시간	9.1시간
근무일(월)	24.2일	25.0일	21.3일
운행 시간 (건당)	3.1분 (=일평균 배송 시간÷박스 건수)	15.6분 (=일평균 운행 시간÷건수)	34.3분 (=일평균 운행 시간÷건수)
이동 거리 (건당)	평균 50.7km	평균 1.3km	평균 10.9km
주요 운송 품목	온라인 쇼핑 물품	음식물	서류 및 일반 박스
차량	사륜자동차	이륜자동차	이륜자동차
차량 보험료 (연간)	131.4만 원	127.2만 원	79.2만 원
차량 구입비	2228만 원(신차) 1302만 원(중고차)	425만 원(신차) 257만 원(중고차)	355만 원(신차) 159만 원(중고차)
취급량(일)	239박스 (수도권 기준)	42.5건	15.9건
운임(건당)	8826원 (수도권 기준)	3337원	1만 1451원
배송 기준 수입	510.4만 원	354.5만 원	378만 원
운송 수입 (매출액)	431만 원	381.7만 원	333만 원
평균 지출액	89.1만 원	142.1만 원	130만 원
순수입	342만 원	239.6만 원	203만 원

* 출처: 한국교통연구원, 2021

달 대행은 퀵에서보단 배기량이 작은 차를 사용한다. 또 택배는 집하장에서 한번에 많은 물건을 싣고 여러 고객에게 이동하는 게 특징이다. 1회당 이동 거리와 하루 평균 이동 거리가 거의 유사하다. 반면 배달 대행에 비슷한 형태일수록 1회당 이동 거리가 짧고, 하루 평균 이동 거리가 가장 긴 것은 오히려 퀵 서비스다.

다만 표에서 드러나듯 택배 부문은 배송 기준 수입과 운송 수입의 차이가 가장 크다(18.4퍼센트). 이는 통계 표본의 차이로 인한 것으로 보인다. 설문에 답한 택배 기사의 월 평균 운송 분포는 다른 운송 기사에 비해 오른쪽으로 치우쳐 있어, 실제 수입은 평균보다 크다는 것을 의미한다. 더불어 대리점에선 관리비 명목으로 대리점 수수료, 즉 대리점 사장의 수입이 10퍼센트 정도 포함되어 있기 때문에 설문에서 나온 운송 수입과 배송 기준 수입의 차이를 더 벌리고 있다.

한편 배달 대행은 다른 운송과 다르게 운송 수입이 배송 기준 수입보다 큰 것으로 나타났다. 배달 대행에서 운송 건당 배달료 이외에 프로모션 비용이 배달 기사에게 추가로 지급되기 때문이다. 예를 들어 쿠팡이츠의 경우 2023년 1월 기준 서울에서 월 400~800건을 배달하면 총 60만 원을 추가로 지급했다. 배달 플랫폼은 이같은 프로모션을 통해 배달 기사의 이탈을 방지하고 안정적인 인력 수급을 유지하려는 일종의 락인 전략을 펼친다.

택배 시장의 디지털 전환은 다른 물류 시장에 비해 앞서 있다. 기본 기술 인프라가 보편화되어 주문을 자동 처리하기 위해 배송 박스 자동 분류, 재고 추적, 주문 자동 수집 등이 구축돼 있다. 다만 추가적으로 택배 기사의 배송지, 배송 경로를 고려한 합리적인 요금 계산이 필요하다. 예를 들어 아파트 한 곳에 10개의 물건을 배송하는 것과, 아파트 10곳에 10개의 물건을 배송하는 비용은 다를 것이다. 현재 이러한 배송 형태를 반영한 요금 체계는 일부 회사에 적용 중이며, 대부분 물건당 정해진 요금을 기반으로 배송비를 산정하고 있다. 또한 배송 지역이나 경로를 관리자의 경험 및 노하우 의존해 결정함에 따라 배송 일정이 변경되고, 예외 사항 발생 시엔 적절히 대응하지 못하는 난점이 있다.

택배를 넘어선 택배

규모의 경제를 굴리다

일상에서 가장 자주 접하는 물류 서비스로 택배를 빼놓을 수 없다. 택배 산업은 초기에 자동차화물운송법하에 규제됐으나 생활물류서비스법이 개정되며 생활 물류의 일환으로 관리되고 있다. 국내 택배 시장은 특히 2020~2021년 코로나19를

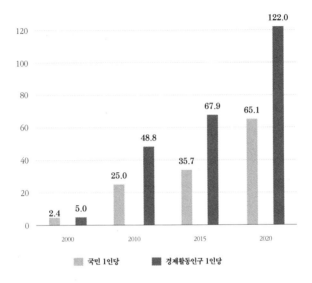

* 출처: 2021 국토교통부, 단위: 건

기점으로 폭발적으로 성장했다. 국민 1인당 택배 이용 횟수
는 2000년 2.4회에서 2021년 70.3회로 약 35배 늘었다.

택배 산업의 가장 큰 두 가지 특징은 자본 집약형과 규
모의 경제라는 점이다. 우선 택배는 자본 집약형 사업이다. 많
은 터미널과 넓은 부지는 물론이고 택배 분리 장치, 전용 차
량, 조직 네트워크와 정보 시스템을 필요로 한다. 즉, 실제 산
업에 진입하기 위해선 시설과 네트워크를 구축하기 위한 대

규모 투자가 먼저 필요하다.

또 규모의 경제가 중요하다. 사업 규모가 클수록 박스당 단가가 낮아져 가격 경쟁력을 확보할 수 있다. 국내 택배 시장의 평균 단가는 2012년 2506원에서 2018년 2229원으로 지속적으로 하락했다.[25] 물동량이 증가하며 성장성을 확인했고, 그 결과 많은 업체가 택배업으로 진출하며 자연적으로 가격 경쟁을 부추겼다. 다만 최근 코로나19 이후 폭발적으로 수요가 늘었으나 공급이 이를 따라가지 못해 2021년에는 일부 단가가 높아졌다.

출혈 경쟁을 넘어 신사업으로

택배 시장은 CJ대한통운, 한진, 롯데글로벌로지스 3사가 전체 시장의 80퍼센트 안팎을 점유하고 있다. 2020년 배송 물량 기준 각사의 택배 시장 점유율은 50.1퍼센트, 13.8퍼센트, 13.4퍼센트를 차지했다. 이외 우체국택배와 로젠택배가 4, 5위를 차지하고 있으며 이 다섯 개 회사를 제외한 중소 업체들의 점유율은 2010년 이래 꾸준히 감소해 왔다. 또 주요 사업자의 시장 점유율은 매년 근소한 차이가 있으나 CJ대한통운이 이 시장에서 압도적인 비중을 차지한다는 사실은 변함없다. 앞서 언급한 규모의 경제라는 택배 시장의 특징과도 관련 있는데, 사업 규모가 클수록 가격 경쟁력이 센 분야가 바로 택배

국내 택배 시장 점유율

연도	CJ 대한통운 (건)	롯데 (건)	한진 (건)	우체국 (건)	로젠 (건)	상위 5사 시장 점유율 (%)	택배 시장 전체 물량 (개)	증가율 (%)	전체 매출액 (원)	박스당 평균 매출 단가 (원)
2015	75,042	23,043	22,806	13,730	13,880	81.8	18.16억	11.9	4.34조	2,396
2016	90,389	24,416	24,344	16,473	14,851	83.3	20.47억	12.7	4.74조	2,318
2017	105,493	29,332	28,201	18,871	16,509	85.5	23.19억	13.3	5.22조	2,248
2018	122,455	33,226	31,769	21,444	18,593	89.5	25.43억	9.6	5.67조	2,229
2019	132,012	38,777	36,885	26,324	21,743	91.7	27.90억	9.7	6.33조	2,269
2020	168,907	45,360	46,521	24,681	25,627	92.2	33.74억	20.9	7.49조	2,221

* 출처: 국토교통부, 2021

시장이기 때문이다. 다만 자사 물량을 직접 배송하는 쿠팡 로켓배송, 마켓컬리 등은 제외한 것으로 실제 시장 규모와 시장 점유율에 일부 차이가 있을 수 있다.

지금까지 택배 시장의 주요 플레이어들은 규모의 경제를 달성하기 위해 인수·합병을 단행하며 가격 경쟁력을 확보해 왔다. 이후 택배 가격은 최저점을 지나 최근 물류 종사자의 열악한 근무 환경과 낮은 소득 수준이 지적되며 어느 정도 반등하는 모습을 보인다. 주요 택배사들은 당일배송이나 새벽배송, 인홈배송 등 새로운 서비스들을 출시하고 있다. 최근에는 5대 사업자뿐 아니라 각종 물류 스타트업이 택배 산업에 뛰어들고 있다. 안정적인 당일 배송 서비스 투데이Today를 출시한 브이투브이vtov가 대표적이다. 정해진 노선을 순환하는 차량을 이용해 물품이 소비자에게 빠르면 3시간, 아무리 늦어도 당일 안에 도착하는 서비스를 제공한다.

현재 택배 산업은 단순 배달 서비스를 제공하던 시기, 가격 인하에만 집중하던 시기를 벗어나 서비스 다양화의 단계로 접어들고 있다. 한발 더 앞서가는 기업은 택배뿐 아니라 다양한 사업 접목을 염두하고 설비와 시설 및 IT 기술에 투자하며 통합 서비스 시대를 준비하고 있다.

통합 서비스 시대선 다양한 산업이 융복합적으로 어우러진다. 차량, 인력, 시설을 넘어 인공지능, 자율 주행, 로봇,

택배 산업의 가치 진화

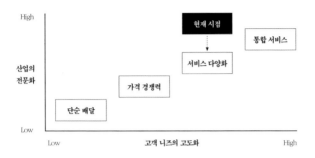

드론을 통해 서비스를 제공한다. 예를 들어 국내 택배 시장의 1위를 차지하는 CJ대한통운은 통합 서비스 e-풀필먼트를 제공하고 있다. 기존 택배는 주문 이후 택배 사업자에 운송 의뢰를 한 뒤, 여러 단계를 거쳐 고객에게 배송되는 프로세스였다. 반면 대한통운은 고객이 상품을 주문하면 풀필먼트 센터에서 바로 출고해 1~2시간 거리에 있는 허브 터미널로 보내는 방식이다. 기존 물류 센터에서 출고한 상품을 택배 기사가 집화해 서브 터미널을 거쳐 허브 터미널까지 보내는 긴 과정을 생략함으로써 수익성을 제고한 것이다.

이러한 통합 서비스를 위해선 실시간 재고 관리 시스템 및 창고 자동화 시스템이 필수다. 또 운송과 관리의 시스템을 통합하고, 주문-배송 간 시스템을 유기적으로 연결해야 한다.

빅데이터 분석을 통한 적절한 예측도 필요하다. 향후 택배 산업은 이러한 산업 간 연계를 토대로 한 융복합 서비스를 더욱 고도화할 것으로 보인다.

쿠팡의 정체는 무엇인가

쿠팡은 물류 회사인가? IT 회사인가? 이커머스 회사인가? 물류를 이야기함에 있어 쿠팡은 놀라움의 연속이다. 2014년 시작한 로켓배송은 밤 12시 이전에 주문을 하면, 그다음 날 중 배송해 주는 서비스로 지금의 쿠팡을 만드는 초석이었다. 쿠팡은 로켓배송을 제공하기 위해 대규모 물류창고와 택배 차량을 직접 소유했고, 로켓배송 이외에도 로켓와우, 제트배송과 같은 물류 서비스를 차례로 선보였다.

그럼에도 앞서 택배 시장의 주요 사업자로 쿠팡을 포함시키지 않았던 이유는, 바로 택배 시장은 주로 3PL(Third Party Logistics) 즉 '삼자 물류'를 말하기 때문이다. 삼자 물류는 화주 기업이 그와 특수 관계에 있지 않은 물류기업에 물류 활동의 일부 또는 전부를 위탁하는 것을 말한다. 추가로 물류기업이 화주 기업에게 IT와 컨설팅 분야를 제휴해 솔루션을 제공하는 것은 4PL이라 불린다. CJ대한통운과 제휴를 통해 물류 서비스를 제공하는 네이버가 여기 해당된다. 앞서 언급한 쿠팡은 1PL(First Party Logistics) 즉 '자가 물류'에 속한다. 자가 물

쿠팡 vs 네이버

	쿠팡	네이버
판매 방식	직매 후 판매	판매 중개
배송 방식	직접 배송	제휴를 통한 배송 (CJ대한통운 제휴)
물류 형태	1PL(자가 물류)	4PL(4자 물류)
배송 장점	배송 품질 컨트롤 가능	투자 비용 절감
유사 기업	미국 아마존	중국 알리바바

류는 화주 기업이 자신의 물류 업무를 자사의 인력, 장비, 시설 등 자기 자산을 이용하여 물류 업무를 직접 수행하는 것을 말한다.

즉 쿠팡은 비즈니스 모델 관점에선 이커머스 회사인 동시에, 경쟁력 관점에선 차량과 창고를 직접 보유한 물류 회사이며, 여기에 빅데이터를 적극 활용하는 IT회사로 볼 수 있다. 추가로 물류 관점에서 2021년 1월, 쿠팡 자회사 쿠팡로지스틱스가 택배사업자 자격을 취득하며 쿠팡은 택배 비즈니스를 계속해서 확대할 전망으로 보인다. 2022년 12월 쿠팡 배송 조직 개편은 그 일환으로, 오픈마켓에서 입점한 소상공인을 대상으로 물류 서비스를 곧 제공할 것으로 예상된다. 즉 자사 물류에서 입점사 물류, 그리고 타사 물류까지 이미 구축한 인프라를 활용해 다양한 비즈니스로 확대할 전망이며 이는 쿠팡의 실적 개선에 기여할 것으로 예상된다.

배달의 위기

4년새 10배 성장

배달은 배달 대행과 퀵 서비스로 나뉘지만 여기선 배달 대행, 흔히 음식 배달로 불리는 시장을 중심으로 다루겠다. 음식 배달은 매체와 기관에 따라 측정하는 시장 규모 편차가 크다. 국내 음식 배달 서비스의 대부분은 배달의민족, 요기요, 쿠팡이츠 3사 플랫폼에서 발생한다. 음식 서비스 온라인 거래액은 코로나19를 통한 비대면 거래의 영향으로 매년 큰 폭으로 증가했다. 2017년 기준 인터넷 쇼핑과 모바일 쇼핑을 합해 음식 서비스 거래액이 2조 7325억 원이었던 반면, 2021년 기준 거래액은 25조 6783억 원에 이르며 4년새 거의 10배 규모로 성장했다.[26]

여기에 배달 수수료 비율을 곱하면 음식 배달 시장 규모를 추산할 수 있다. 다만 업체마다 수수료 정책과 거리, 시기에 따른 차이를 감안할 때 오차 범위를 배제할 수 없다. 쿠팡이츠는 주문 중개 수수료가 일반형에서 9.8퍼센트, 배달비 포함형에서 27퍼센트로 책정돼 있으며 둘의 평균인 17퍼센트로 계산할 수 있다.[27] 배달의민족의 경우 3만 6500원어치 음식 거래액에서 6600원의 배달비를 요하는 것으로 보아 대략 18퍼센트 내외로 배달비를 산정하고 있는 것으로 보인다.[28] 추가로 몇 가지 사례를 참고해 평균 배달비 비중과 프로모션 할인 등을 고려하면, 국내 배달 업체의 수수료는 대략 16~25퍼센트로 산정된다. 이를 기반으로 음식 배달 시장의 규모는 2021년 기준 연간 4조 1000억~6조 4000억 원으로 추정된다.

배달 기사의 수익, 즉 배달료를 기준으로도 시장 규모를 가늠할 수 있다. 배달 기사의 인당 매출 혹은 인원에 대한 정확한 통계는 부재하나 통계청 자료 및 매체 보도를 참고하면 국내 음식 배달 기사 수는 약 20만 명으로 추산된다. 이 중 근로 계약서 작성 여부에 따른 전업, 부업 기사의 비중을 나누면 전업이 55퍼센트, 부업이 45퍼센트로 추정된다. 전업 배달 기사의 월 평균 배달 운임료는 348만 원으로 드러났으며 부업 기사의 매출은 이것의 절반인 170만 원으로 상정한다.[29] 배달 기사 수와 전업, 부업 기사의 비중 및 각각의 운임료를 기준으로 살펴볼 경우, 국내 음식 배달 시장 규모는 6조 4700억 원으로 추정된다.

배달비가 비싼 이유

2010년, 음식 배달 플랫폼 배달통이 배달앱을 도입하며 국내 배달업은 본격적으로 성장했다. 전화 주문에서 모바일 주문으로 음식 주문의 혁신이 일어났다. 과거의 음식 배달은 소비자-음식점-배달 기사의 3자 구조로 단순했고, 배달 기사는 보통 음식점에 종속됐다. 이 3자 구조는 현재 소비자, 배달앱, 음식점, 배달 대행앱, 배달 대행업체, 배달 기사의 6자 구조로 복잡해졌다.

배달앱은 고객이 모바일로 음식 주문부터 결제까지 할 수 있도록 편의성을 높인 O2O(Online to Offline) 서비스다. 주로 음식 주문 기능만 있고 직접 배달 기능은 없다. 우리가 아는 배달의민족, 요기요, 배달통, 쿠팡이츠 등이 여기 해당한다. 추가로 배고파, 배달114, 배달365, 먹깨비, 배달의신을 포함해 국내엔 10여 개 업체가 있는 것으로 추정된다. 배달의민족을 비롯한 상위 3사가 전체 주문 중개 시장의 대다수를 과점하는 상황이다. 2021년 7월 기준 주요 3사의 시장 점유율은 96.9퍼센트에 달한다.[30]

반면 배달 대행업체는 음식점과의 B2B 계약을 통해 주문이 들어올 때마다 수수료를 받고 대신 배달해 준다. 바로고, 부릉, 생각대로, 제트콜 등 국내 100여 개 업체가 있을 것으로 추정된다. 공식 통계는 없지만 상위 업체는 바로고, 부릉, 생각대로 3사다. 이들은 전국 망과 본사를 두고, 전속 라이더를 고용해 사업한다. 주목할 만한 사업자는 다음과 같다.

- 바로고 : 단일 규모로 일 배달 대행 건수 1위. 2021년 1월 기준 시장 점유율 11.9퍼센트.
- 생각대로 : 국내 퀵 서비스 프로그램 시장 1위인 인성데이터를 모회사로 두고 있다. 네이버 지분 취득 10퍼센트 내외.
- 만나플러스 : 국내 중소 배달 대행사 일곱 개가 연합해 만든 브랜드.
- 매쉬코리아 : 이륜차 배달 대행업체 중 최대 투자금 유치. 한때 약 8000억 원의 기업 가치를 평가받기도 했으나, 2023년 4월 hy가 매쉬코리아 지분 66.7퍼센트를 800억 원에 취득.

한편 일부 배달앱은 자회사 형태로 배달 대행사를 직접 운영하기도 한다. 대표적으로 배민 라이더스, 배민 커넥터, 요기요 익스프레스, 쿠팡이츠 치타배달라이더 등이 있다. 일반인 대상으로 배달 기사를 모집하는 크라우드 소싱 형태다. 앞서 말한 배달 대행업체가 관여하는 분리 배달 방식과 달리, 배달앱이 배달 기능까지 연결한 통합형 배달 방식이다. 이들이 전체 시장에서 차지하는 비중은 약 10퍼센트다. 배달 대행 서비스는 음식점에 한정되지 않고 화장품, 커피, 책, 생활용품,

신선식품 등 다양한 영역으로 확대될 수 있어, 다양한 투자처의 관심을 받고 있다. 다만 2022년부터 하반기부터 금리 상승, 경기 둔화 및 코로나19 종료를 맞이하며 최근 투자 분위기가 많이 위축돼 있다.

배달 시장은 이렇게 고도화되는데 배달비는 왜 내려가지 않는 걸까? 상술했듯 배달 시장의 이해 관계자는 3자에서 6자 관계로 넓어졌다. 이해 관계자가 많아지면 누군가는 돈을 더 지불해야 하고, 누군가는 돈을 더 벌어야 한다. 현재 시장에서 이 부담은 소비자와 음식점에게 돌아가고 있다.

생각해 보면 3자 구도 시절 소비자는 별도 배달료는 지급하지 않았다. 매장에서 음식을 많이 먹던 시절이었고 식당은 매출을 올릴 수 있는 방법의 하나로 배달을 이용했을 뿐이다. 매장이 작은 음식점도 배달을 통해 큰 매장과 같은 매출을 올릴 수 있었다. 하지만, 최근 매장 식사보다 배달 주문이 선호되며 음식점에서 부담하던 배달료에 어느덧 소비자도 가담해 '배달료'라는 명목으로 일정 금액을 지불하고 있다.

음식점 입장에서도 배달료에 대한 부담은 점점 커지고 있다. 주로 매장에서 수익을 내던 시대를 뒤로하고 매출의 많은 부분이 배달로 옮겨 갔다. 이로 인해 매장에서 식사할 때 더 비싼 가격을 치루던 과거와 달리, 최근에는 앱으로 음식을 주문할 때 더 높은 가격을 치른다. 한국소비자연맹에 따르면 음식의 가격에 대해 '배달앱이 더 비싸다'는 응답이 56.9퍼센트, '배달앱과 매장의 가격이 동일하다'는 응답이 38.5퍼센트였다.[31] 즉 배달로 인해 편익이 발생했으나 그에 따른 비용 일부를 점주가 음식값에 포함하고, 소비자도 별도 배달비를 지급하게 된다. 결국 배달 시장에 이해 관계자가 3자에서 6자로 늘어나고, 배달의 선호도가 높아진 만큼 이해 관계자들에게 지급할 돈은 늘고, 소비자와 음식점들은 배달로 효용을 얻는 만큼 혹은 그 이상을 배달료로 지급하고 있다. 또 배달앱이 배달 기사를 자사 플랫폼에 락인하기 위해 배달 건수나 구간당 별도 프로모션을 진행하며 큰 비용을 감수하는 것 또한 배달비에 영향을 미친다.

결국엔 사람, 혹은 로봇

모빌리티 시장에서 중요한 건 결국 사람이다. 자율 주행의 안정성이 높아져 상용화되기 전까지는, 사람이 공급력이 되어 배달 프로세스 전반을 이끈다. 공급 영역의 사람은 한정돼 있고 이들은 수익성이 더 높은 곳으로 자연스럽게 이동한다. 최근 공급 영역에서 20~30대가 취업하거나 단기 아르바이트 인력으로 뛰어드는 곳이 바로 음식 배달 시장이다. 음식 배달은 향후 다른 모빌리티 사업들과의 경쟁 관계 속에서 꾸준히 발전할 것이며, 그중에서도 특히 영향을 받는 분야는 기타 라스트 마일 시장과 택시 시장이다.

이에 따라 기존 모빌리티 시장을 구성하던 다양한 영역에서 인력난은 심해지고 있다. 택시 기사의 감소 추이는 과거에도 있었으나 코로나19가 장기화되는 동안 그 감소 폭은 훨씬 커졌다. 가장 큰 문제는 신규로 진입하는 택시 기사가 없다는 것이었다. 택시 기사 수는 지난 2020년 26만 5015명에서 2021년 24만 2662명으로 8퍼센트의 감소폭을 보였다. 택시 기사와 배달 기사의 수익을 비교하면 이해가 쉬워진다. 한국교통연구원에 발행한 〈2021년 배달대행 운전자 조사 보고서〉와 〈2021년 택시 서비스 시민 만족도 조사〉에 따르면, 2021년 배달 대행의 월 평균 순이익은 239만 6000원으로 택시 운수 종사자 월 평균 급여 169만 4000원에 비해 70만 원가량 높다. 단순 급여 외에도 각종 근무 여건을 고려할 때 배달 대행의 근무 유연성은 큰 장점으로 작용한다. 다만 최근 택시 요금 인상과 택시 기사 파트 타임 근무 허용 등, 택시 기사의 근무 조건 개선은 배달 기사 수의 증감에 영향을 줄 것으로 보인다.

배달 품목 또한 지금보다 다양해질 것이다. 2020년 배달 대행 시장에서 운송 품목의 99.7퍼센트는 음식물이었다. 하지만 2021년 음식물 비중은 96.8퍼센트로 2.9퍼센트 감소하고, 공산품의 비중이 0.3퍼센트에서 3.2퍼센트로 증가하며 전년 대비 10배 늘었다. 향후에도 배달 대행사는 지속적으로 배달 건수를 확보하기 위해 음식물 카테고리가 아닌 다른 상품 카테고리로 확장할 것으로 예상된다. 이때 안정적인 기사 인력은 배달 시장의 주요 경쟁 요소 중 하나로, 다른 업체와의 경쟁에서 우위를 점하는 요인일 것이다.

특히 음식과 유사한 이동 패턴에 있는 제품으로 카테고리를 확대해 주문 건수를 확보해 나갈 것으로 보인다. 배달 대행은 평균 1.3킬로미터 내외의 거리를 이동한다는 점을 고려할 때, 인근 편의점 물품이나 생활용품, 화장품 등이 유사 카테고리에 해당된다. 시장 경쟁력이 강화되며 플랫폼은 배달 기사가 지속적으로 이 시장에 머물도록 락인할 것이고, 이는 또다시 배달 서비스의 경쟁력으로 이어지는 선순환 구조를 형성한다. 충분한 기사 공급은 서비스 품질을 향상하는 것은 물론 신규 배달 서비스를 개발할 수 있게 한다. 예컨대 배송 시간대 차이를 활용한 상품 개발이 가능하다. 음식 배달은 점심 혹은 저녁 시간 전후에 주문량이 몰리는 반면, 오전 9~11시 및 오후 2~5시에는 배달 건수가 많지 않다. 이 시간을 활용해 각종 물건을 배달하는 서비스를 개발할 수 있다. 2022년 5월 바로고는 리테일앤인사이트와 지역의 중소 마트 상품을 배달하는 신규 서비스 계약을 체결했다. 즉 바로고는 배달 주문 건수를 확보하게 되고, 리테일앤인사이트 입장에선 배

날의 고정 비용을 줄일 수 있다. 이러한 선순환 구조는 마트 배달뿐 아니라 꽃, 화장품과 같은 기타 카테고리로도 빠르게 확장 중이다.

　다만 국내 인구 감소 추이와 인력 해외 유출에 따라, 인력 확보가 어려워지는 지점이 분명 올 것이다. 이때 배달 주체는 사람에서 로봇으로 전환할 것으로 예측한다. 이미 최근 음식점에선 서빙 로봇들이 많이 보인다. 코로나19를 거치며 서빙 인력은 급격히 줄어들었다. 업계 전문가에 따르면 서빙 로봇 실증 기간 동안 로봇은 기존 서빙 인력을 최대 50퍼센트 대체할 수 있으며, 2023년엔 실증 결과를 바탕으로 서빙 로봇이 더욱 빠르게 도입될 것이다.

　이처럼 배달에서도 특정 구간에서 로봇의 역할이 커질 것으로 보인다. 네이버 사옥 NAVER 1784는 로봇 친화형 빌딩으로, 건물 내 각종 배송, 배달 프로세스가 로봇을 통해 이뤄진다. 지금은 사원들이 사무실로 음식을 주문했을 때 기사가 사무실 바로 앞까지 배달해야 하지만, 향후엔 건물 앞까지만 배달하는 등 구간에 따른 세분화도 가능할 것으로 예상된다.

충전, 전기차의 선결 과제

테슬라를 중심으로 최근 2~3년간 전기차 시장에 대한 관심이 높아지고 있다. 한국자동차산업협회 발표에 따르면 2021년 글로벌 전기차 판매량은 무려 660만 대로 2019년 대비 세 배 넘게 성장했다. 판매 비중 역시 전체 자동차 시장의 7.8퍼센트를 차지하고 있다.

전기차 시장은 단순히 전기차 판매만으로 이뤄지지 않는다. 이 생태계는 전기차 생산과 관련 부품 및 원재료, 판매, 폐기 등 관련된 여러 산업으로 구성된다. 뿐만 아니라 전기차를 활용하는 비즈니스나 차량 관리 및 유지·보수에 관한 모든 제품과 상품, 서비스를 망라한다. 이러한 전기차 생태계에서 '충전'은 전기차 판매 성장율과 비례하며 사업적으로 커지고 있는 동시에, 전기차 판매 자체보다도 선결적으로 해결돼야 할 중요한 요소다.

충전 시장의 밸류 체인

충전 시장을 이해하기 위해선 밸류 체인을 이해하는 것이 먼저다. 밸류 체인에 대한 분석은 기업마다 대동소이한 편인데, 다음은 딜로이트회계법인과 맥킨지앤컴퍼니의 분석을 참고해 일곱 단계로 정리한 충전 시장의 밸류 체인이다.[32]

1단계는 충전을 위한 에너지 공급이다. 오늘날 대부분

국내 전기차 보급 현황 및 전망

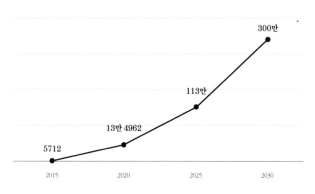

300만

113만

13만 4962

5712

2015   2020   2025   2030

* 출처: 산업통상자원부·환경부, 단위: 대

전기차 구매 시 우려 요소

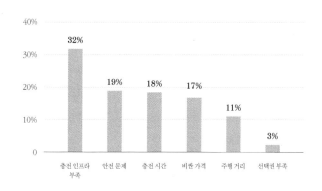

* 출처: 2021 자동차 소비자 조사

전기차 충전 밸류 체인

-	에너지 공급	충전기 및 장비 생산/제조	장소 및 부지 보유	충전기 및 인프라 설치	충전소 운영 및 유지·보수	충전 서비스	충전 플랫폼
Products/Services	• 전기(GRID) • ESS • 태양광 • 배터리	• 충전기 • 충전 콘센트 • 케이블	• 빌딩 소유 • 부지 소유 • 공공시설 • 아파트 • 사업장	• 전기 설비 • 전기 배선 • 충전기 설치	• 충전소 운영 • 충전소 시설 관리 • 충전기 모니터링 • 충전기 유지·보수 • 충전소 안전 관리	• 충전 솔루션 • 충전 네트워크 • 충전 컨설팅 • 로밍 정산 • 데이터 관리	• 고객 확보 • 충전소 검색 • 충전소 예약 • 결제
이해관계자	• 발전사 • 송배전사업자 • 재생에너지 발전사	• 충전기 제조 • 전력 관리 • 전신 제조	• 유통사 • 부동산 관리 회사 • 주차장 운영 대행사	• 전기설비사 • 배선설비사	• CPO 사업자	• CSO 사업자 • 솔루션 공급자 • MO 사업자	• 플랫폼 사업자 • EMSP • Aggregator

의 전기는 발전소에 생산한 전기를 전기 판매 사업자가 구입해 소비자에게 공급하는 방식으로 유통된다. 국내에선 한국전력공사가 대표적인 전기 판매 사업자다. 향후 이러한 공급원은 지역에 따라 분리되고 발전소 역시 태양광, 풍력 등 재생에너지로 다양해질 것으로 예상된다. 2단계는 충전기 및 장비를 생산하고 제조하는 과정으로 충전기, 콘센트, 케이블 등 충전에 필요한 유형 자산들이 바로 이 단계에서 만들어진다. 3단계는 장소 및 부지, 즉 충전소를 설치할 공간이다. 아파트 주차장과 상업 시설부터 공공시설까지 충전소는 다양한 공간에 설치할 수 있다.

　4단계는 충전기 및 인프라 설치다. 이를 위해선 전기 관련 인프라가 필수적이며, 어떤 충전기를 설치하는가에 따라 인프라 설비는 전기 배선, 차단기, 분전반 등 다양하다. 설치 이후엔 5단계, 운영 및 유지·보수가 필요하다. 흔히 CPO 사업자의 영역으로, 충전을 제공하고 충전소 인프라를 유지·보수하는 영역을 말한다. 6단계는 충전 서비스다. 충전 시 필요한 각종 솔루션이나 컨설팅 등이 해당된다. 프랜차이즈 방식의 충전 서비스 또한 여기에 속한다. 마지막 7단계는 충전 플랫폼이다. 고객과 직접적인 접점이 발생하는 영역으로, 보통 앱을 통해 고객에게 충전소 검색 및 예약, 결제 등의 서비스를 제공한다.

이 중에서도 충전과 직접적인 관계성과 경제적 가치가 높은 네 가지는 바로 2, 5, 6, 7단계다. 우선 2단계는 충전 소켓 및 커넥터, 충전기 등의 제품을 연구·개발하고 제조하는 사업이다. 충전 구역을 확보한 부동산 소유주, 혹은 충전소 운영 사업자 즉 CPO(Charge Point Operator)에게 충전기 제품을 판매하고 건물 내외에 설치하는 등의 활동이다. 주요 제품은 단연코 전기차 충전기다. 충전기는 충전 속도와 규격에 따라 구분된다. 충전 속도는 급속, 완속, 저속으로 나뉜다. 급속은 국내에서 주로 50kWh급 이상의 성능으로, 차량을 1시간 이내로 충전할 때 사용한다. 완속은 7kWh급이다. 저속은 기존에 사용되던 범용적인 220볼트 콘센트로 충전하는 방식이며 휴대용 충전기들이 대다수 여기 해당한다. 이외에도 충전구 규격, 케이블 유무에 따라서도 구분된다. 다만 무선 충전기의 경우 글로벌 표준이 만들어지지 않은 상태로, 국내에선 현대차의 제네시스가 2022년 2월 수도권 지역 다섯 개 서비스 센터에 전기차 전용 충전소를 열고 시범 사업을 해오고 있다.

충전소 운영자CPO가 관여하는 5단계는 충전 구역에 인프라를 확보하고 충전 서비스를 고객에게 제공하며, 관련 설비를 유지 및 운영한다. 이 서비스는 주차장 및 부지 소유주가 직접 제공할 수도 있지만 대부분은 전문 CPO가 맡고 있다. 공공시설, 사업장, 빌딩, 상업 시설 등 급속 공공 충전소 위주

사업을 운영할 수 있다. 단순 인프라 설치 및 운영만이 아니라 충전 데이터 분석, 충전 부하 관리 등 부가 서비스도 함께 제공한다. 서비스 영역은 다양하지만 그중에서도 가장 중요한 것은 결국 충전 제공, 즉 전기 판매 분야다. 이는 주유와 비교해 설명할 수 있다. 내연차를 운전하기 위해 휘발유 혹은 경유를 주유하듯, 전기차를 이동시키기 위해 가장 기본이 되는 것은 전기이기 때문이다.

6단계 충전 서비스는 충전뿐 아니라 관련된 다양한 서비스를 제공하는 영역이다. 전문 사업자들이 부지 주인으로부터 운영권을 임대받아 충전소를 운영하는 경우도 있지만, 부지 및 건물 소유주가 시스템이나 컨설팅 등 충전 솔루션을 제공받아 직접 운영하기도 한다. 이때 제공되는 서비스가 충전 네트워크 서비스다.

충전 네트워크 서비스는 쉽게 말해 프랜차이즈 사업이다. CPO 사업자 입장에선 충전소를 여럿 운영하는 것이 규모의 경제 면에서 유리하다. 하지만 충전소 구축을 위해 임대료나 충전기 비용 등 인프라에 많은 비용이 든다. 이에 충전 네트워크를 확장하는 한 방법으로, 흔히 CSO(Charging Service Operator)라 불리는 충전 서비스 사업자가 충전 솔루션을 제공한다. 이들은 충전 사업을 운영하려는 사업자에게 충전기는 물론 관제 시스템이나 회원 관리앱, 정산 서비스와 전기 사용량 관리앱 등 각종 디바이스와 컨설팅을 제공한다.

이들의 전략은 다음 두 질문에서 시작한다. 충전 서비스의 시공간적 제약을 어떻게 해결할 수 있을까? 충전 요금 이외에 어떠한 부가 수입원을 갖출 수 있을까? 우선 주유와 다르게 전기가 있는 곳에선 어디든 충전할 수 있다는 것이 전기차의 장점이다. 이에, 사용자의 목적과 충전 패턴에 따른 다양한 시공간에서 서비스를 제공하는 게 중요하다. 또 국내의 경우 전력 시장은 정부 공공사업의 영역이다. 충전 요금만으로는 수익을 내는 게 쉽지 않다. 전기라는 상품의 특성상 다른 사업자에 비해 차별성을 갖기 어렵기 때문이다. 따라서 전기 자체가 아닌 다양한 부가 서비스를 통해 수익성을 보완해야 한다.

일례로 최근 전기차 충전과 연동된 로밍 서비스가 출시되고 있다. 통신사 로밍 서비스를 이용하면 국내에서 쓰던 인터넷을 해외에서도 바로 쓸 수 있는 것처럼, 전기차 이용자가 기존에 쓰던 사업자의 충전기뿐 아니라 필요에 따라 다른 사업자의 충전기도 이용할 수 있도록 한 서비스다. 보통 시장에서는 이러한 로밍 서비스를 제공하는 사업자들을 MO(Market Operator)라고 부른다. 국내에선 환경부와 한국전력이 각각의 네트워크를 중심으로 이 서비스를 운영해 왔다. 환경부에서 운영한 로밍 서비스는 2021년 6월, 유지 비용 및 서버 부하 문

제로 중단됐으나 한국전력은 2020년 10월 차지링크ChargeLink
라는 충전 요금 로밍 서비스를 출시한 이후 현재까지 이어오
고 있다. 로밍 충전 가격은 충전 기기 간에 사업자, 회원 정보,
충전 시간과 상태 등이 공유되어 사업자 간 사전에 정해져 있
던 충전 단가를 기준으로 산출된다. 예를 들어 에버온everon 고
객이 차지비ChargeEV 충전기를 이용할 때, 사업자 간 공동 이용
로밍 요금에 따라 결제가 이뤄진다. 로밍 서비스 이외에도 한
국전력은 QR 로밍, 전자지갑, 충전기 고장 진단 등 충전 관련
다양한 서비스를 출시할 계획이다.

마지막 7단계, 충전 플랫폼은 이용자 편의라는 관점에
서 충전소 및 충전 서비스와 소비자를 연결한다. 이 영역의 사
업자는 흔히 플랫폼 사업자라고 불리기도 하며, 지역에 따라
EMSP(E-Mobility Service Provider) 혹은 애그리게이터aggregator
등으로 다양하게 불린다. 주로 충전소 검색, 예약 및 결제 등
의 서비스를 제공한다. 대표적으로 카카오 T와 티맵이 있다.
카카오 T 내 '전기차 충전' 서비스는 충전기 위치, 상태, 운영
시간, 요금 기준을 안내하고 충전 요금은 카카오 T 포인트로
결제 가능하다. 티맵 또한 실시간 충전소 상태를 조회하고 충
전소까지 가는 최적 경로 및 간편 결제 서비스를 제공한다. 이
들 업체는 향후 충전소 리뷰와 피드백, 대기 시간 예측, 구독
형 멤버십 등을 도입할 예정이다.

춘추 전국 시대를 넘어서

신사업이라 해도 발전 단계는 기존 사업과 비슷하게 전개되기 마련이다. 인프라 구축을 위한 투자 단계, 신규 사업자들의 참여 단계, 수익 확보 단계를 거쳐 효율화 중심의 확대 단계가 보편적인 과정이다. 충전 산업 역시 이와 유사하게 흘러왔고 앞으로도 비슷한 양상일 것으로 추정된다.

초기 전기차 충전 사업의 시장은 규모가 작고, 시장성이 부족했다. 이용자 수가 적고 요금이 비싼 데다 인프라가 부재한 상황이었다. 따라서 사업의 첫 단계는 보통 시설 투자의 성격을 띤다. 시장 참여를 유도하고자 정부가 주도적으로 보조금과 세제 혜택을 제공한다. 한국도 지난 2011년부터 충전기 설치에 따른 보조금을 지급해 왔으며, 2021년까지 누적 6689억 원을 지원한 바 있다.[34] 또 충전기 대거 보급을 위해 대대적인 투자가 필요한 시점으로, OEM과 유틸리티 기업이 참여한다. 이 시장에서 OEM 기업은 자동차 제조 회사이고, 유틸리티 기업은 한국전력과 같은 전력 회사를 말한다. 국내의 경우 2013년부터 한국전력이 속한 산업통산자원부와 환경부가 전국 충전 인프라를 구축해 오고 있다.

국제에너지기구International Energy Agency에 따르면 유럽은 2021년까지 전기차 충전기 보조금으로 연간 5억 유로를 지출할 예정이다. 개별 보조금의 규모는 국가마다 다르며 일부

충전 시장의 발전 단계

정부 주도 및 투자	춘추 전국 시대	경제성 확보	효율화 및 융합
초기 시장으로 사업성이 부족	스타트업과 같은 새로운 기업들의 진출	메이저 사업자 등장	충전소 운영 효율화 및 보급 보편화
정부 주도형의 보조금과 세제 지원	충전소의 생태계 확대 시작	대규모 자본을 바탕으로 충전소 시설 빠른 보급	태양광 등 에너지 공급 확대
OEM 및 유틸리티 기업의 참여	스타트업에 대기업들의 투자 및 협력	수익 모델의 개발과 경제성 확보	주차 사업과의 융합 및 무인화 효율 향상
대규모 투자 요구됨	충전 시장의 성장	엔터테인먼트 + 편의 시설 결합	

는 충전기당 최대 3000유로를 제공하고 있다. 이러한 흐름은 유럽만의 이야기가 아니다. 2023년부터 시행되는 미국 인플레이션감축법(IRA·Inflation Reduction Act)에 따르면, 가정용 충전기를 설치할 경우 기기 설치 비용의 최대 30퍼센트(1000달러)까지 세액 공제 혜택이 제공된다.

다음 단계는 춘추 전국의 시대다. 새로운 충전기 사업자들이 신규 시장에 대한 기대를 품고 진출하는 단계다. 이에 따라 먼저 진출한 기업과 새롭게 출발하는 기업 간에 다양한 협력이 이뤄지기도 하고, 경쟁이 치열해지기도 하며 충전소 생태계가 확대한다. 일례로 2022년 국내 전기차 완속 충전 시설 보조금 사업에 67개사가 신청했고 이 중 25개사가 선정됐다. 충전기 수에 따른 대표 사업자로 파워큐브, 에버온, 지에스커넥트, 차지비, 스타코프, 홈앤서비스, 에스트래픽 등이 있다. 많게는 2만 8000기에서 적게는 3000여 기 이상의 충전기를 운영하고 있다. 또 이 시기엔 기술의 표준이 만들어진다. 충전 운영 사업자, 제조업체 및 인증 기관 등 업체 간 교류가 활발히 이뤄진다. 국내에선 지난 2019년 전기자동차충전기 기술기준이 제정된 이후, 전기차 충전기에 대한 형식을 승인하고 검정 기준을 마련하는 등 표준화를 향해 나아가고 있다.

대기업의 업계 진출도 본격화한다. GS그룹은 2019년부터 충전 시장에 진출했으며, LG전자는 2020년 말 GS칼텍스와 손잡고 충전소 통합 관리 솔루션 시범 서비스를 공급했다. 이후 2021년에 현대자동차, SK그룹, 롯데그룹 등이 이 시장에 뛰어들었다. SK그룹은 전기차 충전 장비 업체 시그넷이브이 Signet EV를 인수했고, 현대자동차는 전기차 초고속 충전 서비스 이핏E-pit을 출시했다. 롯데의 경우에도 같은 해 충전기 제조사 중앙제어를 인수했다. 2022년엔 한화그룹이 자사 전기차 충전 브랜드 한화모티브를 론칭했고 LS그룹은 가스 충전소를 거점으로 충전 사업을 시작하며 LS E-Link를 설립했다.

3단계에선 경제성에 집중한다. 춘추 전국 시대가 수많은 충전 사업자들이 몇 개의 메이저 플레이어로 성장하는 단계였다면, 이젠 대기업을 중심으로 인수·합병을 통해 규모의 경제를 실현할 시기다. 충전소 시설을 빠르게 보급하고 수익성을 확보하는 것이다. GS그룹은 2021년 지엔텔을, 2022년 차지비를 인수하며 빠른 속도로 충전기 수 기준 시장 점유율 1위를 차지할 것으로 예측된다. 또 이 시기엔 새로운 수익 모델 개발이 활발히 이뤄진다. 예를 들어 고객의 이용 패턴에 따라 다양한 충전 서비스들이 생기고, 새로운 형태의 충전소는 편의 시설의 엔터테인먼트적 요소를 융합한 방식으로 발전한다. 충전 사업자와 리테일, 그리고 부동산이 공동의 목적을 달성하기 위해 생태계를 조성하기도 한다. 우리나라의 경우 이러한 시기는 2023~2024년 이후로 예상된다.

　　마지막은 효율화 및 융합 단계다. 충전소를 충분히 보급하는 것은 물론, 무인화·로봇화를 통해 충전 시설을 고도화한다. 에너지 효율을 높이고자 저렴하고 다양한 에너지 공급 시설을 확충한다. 이 시기엔 무선 충전 시스템의 대중화가 예상되며, 충전소 내 다양한 서비스를 제공하고자 로봇을 도입하거나 차량 도로 아래 배선이 깔려 자동 충전이 되는 모델도 상용화될 것으로 보인다. 또 충전 산업은 에너지 산업과 융합할 것으로 예상된다. 수익 다양화를 위해, 에너지 시장 중에서도 가장 먼저 수요반응자원거래시장에 참여하는 것이다. 수요반응자원거래시장은 한국전력이 운영하는 제도로, 일반 소비자가 전기 소비를 감축하면 금전적 보상을 준다. 예를 들어 전기차 충전에 평소 7kwh를 소비하던 충전 사업자가 6kwh를 소비할 경우 1kwh어치 정산금인 1300원을 받는 것이다. 이를 연간으로 계산할 때 월 3회 시장 참여, 회당 1kwh 절감, 정산금 1300원, 충전기 5000기가 있다고 가정하면, 충전 사업자는 수요반응자원거래시장 참여로 연간 2억 3000만 원의 정산금을 받을 수 있다. 즉, 최종 단계에선 다양한 산업과 산업이 융합하며 주차와 충전, 로봇, 그리고 에너지라는 각 산업 분야가 하나의 플로우로 연결될 것이다.

한국 충전 시장의 현재

현재 우리나라 충전 시장은 2~3단계 사이로 추정된다. 특히 2022년부터 많은 회사들이 전기차 충전 사업에 뛰어들었다. SK그룹은 에스트레픽의 전기차 충전 사업 법인 에스에스차저 지분 50.1퍼센트를 취득했고 LG전자는 전기차 충전기 전문 기업 애플망고의 지분을 인수했다. 또 몇몇 주유소는 전기차 충전 시설을 도입하는 것과 더불어 휴식 공간으로서 새롭게 거듭나고 있다. 2022년 2월 SK그룹은 에너지 슈퍼 스테이션을 오픈했다. 일반 내연차가 주유할 수 있는 인프라는 물론,

전기차 충전기를 설치하고 캐노피와 세차장 건물 옥상을 활용해 태양광과 연료 전지 발전 설비를 추가했다.

최근 2~3년간 충전 시장에 뛰어드는 대기업이 늘고 있다. LS, 신세계, 롯데정보통신, LG헬로비전, SK홈앤서비스, SK에너지 등은 직접 충전 운영 사업자 시장에 진출했다. SK네트웍스는 교통 솔루션 기업 에스트래픽의 충전사업부를, GS에너지는 차지비를 인수했다. 향후 충전 시장에선 활발한 인수·합병 추세가 예상되며 주요 연합을 바탕으로 이 시장은 재편될 것이다. 이 중에서도 가장 눈여겨볼 사업자는 롯데그룹, SK그룹, 범 LG그룹, 휴맥스그룹이다.

롯데그룹은 롯데정보통신과 롯데렌탈을 중심으로 충전 시장에 뛰어들고 있다. 유통과 쇼핑을 보유한 롯데그룹은 충전 밸류 체인 중에서도 '장소와 부지'라는 경쟁력을 바탕으로 이 시장을 공략한다. 기존 사업과의 시너지를 통해 충전소 위치와 연동되는 다양한 부가 서비스를 제공할 것이다. 특히 부족한 충전 제조영역을 확보하기 위해 추진한 중앙제어 인수 건은 충전 시장에 대한 롯데의 진심을 읽을 수 있는 중요한 사건이다. 다만 롯데그룹이 넘어야 할 산은 순탄하지 않을 것으로 보인다. 충전기 제조사 인수를 통한 기술 확보는 큰 의의가 있으나, 아직은 충전 운영 및 플랫폼 영역에서 의미 있는 사업적 성과를 내기엔 시간이 부족했으며 관련 경험과 역량을 키워갈 필요가 있어 보인다.

SK그룹은 다른 그룹과 달리 충전 사업에 여러 그룹사들이 동시에 참여하는 모습을 보인다. SK에너지, SK네트웍스, SK E&S, SK브로드밴드 등 각 계열사가 같은 사업 영역에서 경쟁하는 것이다. 다만 계열사의 주요 사업 영역을 토대로 각자의 전략을 수행하는 것을 확인할 수 있다. SK에너지는 주유소 부지를 기반으로, SK네트웍스는 렌터카 사업을 기반으로 중속 및 고속 충전 사업을 확대하고 있다. SK E&S는 주차장을 중심으로 중속 및 완속 사업에 집중하고 SK브로드밴드는 아파트 부지를 기반으로 한 완속 중심의 사업을 확대한다. 이처럼 SK그룹은 각각의 사업 영역이 충전 토탈 솔루션 사업자인 SK시그넷을 기반으로 시너지를 발휘하며, 충전 밸류 체인의 전 영역에 걸친 전략적 제휴가 가능해 보인다. 다만 계열사 간 경쟁에서 시너지가 얼마나 클지는 앞으로 살펴볼 부분이다.

LG전자의 충전기 제조 및 충전 사업의 진출은 여러모로 의미가 크다. 배터리와 모터 등 전기차 전장의 주요 영역을 구축하고 있는 LG전자가 충전기 생태계까지 영역을 확대한 것이기 때문이다. 이는 LG전자를 필두로 전동화 시대의 전기차 전체 밸류 체인이 확대될 수 있음을 의미한다. 즉, LG그룹은 전기차라는 완성품을 제공하진 않지만, 관련된 모든 제품과 서비스를 제공한다는 방향성을 내포한 것으로 볼 수 있다. 또한 범 LG그룹에 속한 GS그룹과의 연합을 통해 충전 운영 영역에서 얻을 수 있는 충전 데이터를 통해 배터리 서비스와 같은 사업 포트폴리오를 강화할 수 있을 것으로 본다. 다만 고객 접점에서 다른 경쟁 그룹에 비해 고객 접점이 부족한 부분은 시급한 보완이 필요해 보인다.

디지털 위성방송 셋톱박스로 성장한 휴맥스그룹이 충전 시장에 참여한 것은 다른 연합 그룹과 조금은 다른 관점에서 볼 수 있다. 휴맥스그룹은 2019년부터 모빌리티 사업 역량을 확보하고자 하이파킹, 피플카 등 다양한 기업에 투자하고 인수를 진행해 왔다. 휴맥스그룹 사업 전략은 모빌리티 사업의 경쟁력을 기반으로 충전 사업을 확대하는 것이다. 또, 충전 시장 밸류 체인에서 중요한 경쟁력인 부지를 토대로 모빌리티 산업과 연계해 충전 시장에 진출한다는 것은 다른 연합 그룹과 차별되는 지점이다. 또한 제주전기차충전서비스를 인수하고, 대영채비에 지분을 투자하며 충전 시장에서 빠르게 경쟁력을 확보할 수 있었다. 다만 휴맥스그룹은 다른 경쟁 그룹에 비해 자본력이 부족하고, 여러 회사의 인수·합병을 통해 몸집을 키워 왔기 때문에 기업 간 시너지가 오래 걸릴 것이다. 이에 현재 추진하고 있는 통합 MaaS 플랫폼이 다양한 모빌리티 계열사 간 통합을 얼마나 잘 이끌어 낼 수 있는지가 휴맥스 그룹에게 주어진 가장 큰 숙제로 생각된다.

주차, 이동의 시작과 끝

거점으로서의 모빌리티

이전부터 주차 사업은 크게 수익성이 좋은 사업은 아니었다. 하지만 모빌리티 시대에 '거점' 개념이 중요해지며 많은 회사들이 이 사업에 뛰어들고 있다. 뿐만 아니라 주차장은 최근 쇼핑몰이나 자영업자들에게 매우 중요한 고객 유인 수단이 되며 B2C 시설의 필수적인 공간으로 거듭나고 있다. 주차는 향후 이동의 거점과 맞물려 더욱 중요해질 것이며 특히 이동 수단, 즉 자동차의 시작과 끝이라는 관점에서 살펴볼 필요가 있다. 주차 사업은 다음과 같이 크게 세 가지로 나뉜다.

- 주차장 운영 사업
- 주차 관제 시스템 및 장비 사업
- 부가 서비스 사업

주차장 운영 사업은 말 그대로 주차장 소유자로부터 시설 관리를 위임받아 주차장을 운영하며 발생하는 수익 일부를 가져가는 사업이다. 또는 주차장 소유자가 주차장 권리를 양도하는 입찰에 참여해, 계약금을 부지 소유자에게 지급하고 운영에서 나오는 수익을 가져가기도 한다. 최근에는 무인 주차장 시스템이 늘어나는 추세다. 초기 무인 주차장에선 장비 문제가 많고, 이용자가 사용법을 모르는 경우도 많아 민원이 대거 발생하며 무인 주차장에 대한 인식이 좋지 않았다. 그러나 현재는 사람들이 점점 무인 시스템에 익숙해지며 매출이 늘어나는 추세다. 주차장은 결국 회전율과 효율화를 통해 수익을 내는 사업이다. 특히 효율성의 관점에서 무인 주차 시스템 덕에 수익성은 크게 개선됐고, 이 시장에 매력을 느낀 다수 대기업이 진출하고 있다. 대표적인 사업자로는 휴맥스의 자회사인 하이파킹, 파킹클라우드의 아이파킹, 그리고 카카오모빌리티와 GS파크24가 함께 만든 카카오 T 파킹이 있다.

주차장 사업에서 비용 구조를 가장 많이 차지하는 것이 첫째는 임대료, 둘째는 인건비다. 다만 인건비의 경우 최근 무인 시스템 도입으로 많이 줄고 있는 추세다. 이외에도 보험비와 CCTV 비용은 혹시 모를 차량 파손을 대비해 적절한 위험 회피와 관리를 위해서 꼭 필요한 항목이다. 매출과 관련해 주차장은 날씨와 경기, 두 요소로부터 직접적인 영향을 받는다. 주차비는 차량 유지비 중 흔히들 가장 '아까운' 비용으로 여겨진다. 따라서 날씨가 좋지 않거나, 경제가 불황이면 주차장 매출은 크게 줄어드는 경향을 보인다. 보통 겨울에 적자가 나

고 봄가을에 흑자를 내는 점, 코로나19가 가장 심하던 2020
년에 매출이 반 토막 난 주차장이 많았던 점이 그 증거다.

주차 관제 시스템 및 장비 사업은 시스템과 장비를 구
축, 제조, 판매 및 유지·보수하는 분야이다. 쉽게 말해 입차와
출차에 필요한 시설을 판매한다. 주요 장비로는 차단기, 출구
무인 정산기, 차량 번호 인식기 등이 있으며 이를 적절하게 운
영하기 위한 시스템도 필요하다. 주요 업체로는 아마노코리
아, AJ파크, 청명씨앤아이, 파킹클라우드가 있다. 흔히 위탁
사업으로 불리는 이유는 장비를 판매하고 시스템을 구축하며
매출을 올리기 때문이다. 즉 주차장 매출과 무관하게 주차장
이 설비를 교체할 때도 매출이 발생하는 구조다. 물론 매출과
연동된 형태로 수익을 배분받는 계약을 맺기도 한다.

노후화된 다수 주차장은 최근 무인 설비로 바뀌며 다시
매출을 올리고 있다. 또 유지·보수 부분에서도 단순 기계 설
비를 벗어나 주차장 관제 시스템까지 영역을 넓히는 중이다.
이는 주차장 소유주 입장에서 인건비 절감과 매출 증가, 이용
편의의 장점이 있기 때문이다. 우선 인건비 대비 저렴한 장비
와 솔루션 비용으로 매년 상승 중인 인건비에 대비할 수 있다.
매출도 늘릴 수 있다. 정해진 운영 시간이 아닌 1년 365일, 하
루 24시간 주차 영업이 가능하다. 마지막으로 주차장 이용 편
의도 증가한다. 24시간 무인 정산으로 불법 주차를 막고, 편

리한 솔루션들도 다양하게 도입할 수 있다.

마지막으로 부가 서비스 사업엔 주차장 중개업과 카애
프터서비스Car After Service등이 해당된다. 고객과 주차장을 연결
해 주고 수수료를 일부 가져가거나 세차, 경정비 수리 등 차량
에 대한 애프터서비스를 주차장 내에서 제공한다. 주요 대형
마트나 백화점 등 유동 인구가 몰리는 각종 시설의 주차 공간
에서 만날 수 있다. 부가 서비스로 분류하긴 했으나 사실 고객
입장에서 가장 많이 접하는 영역이다. 특히 주차장 중개, 즉
스마트 주차 서비스라 불리는 영역이 최근 주목받고 있다. 카
카오 T 주차, 티맵 주차, 아이파킹, 모두의주차 등이 해당 사
업을 운영하고 있다. 이 서비스는 주차를 하려는 고객이 처음
방문하게 되는 공간을 다룬다는 점, 그리고 주차장 검색과 결
제가 이뤄진다는 점에서 주차 운영 사업과 더불어 향후 주차
시장의 중요한 영역이 될 것으로 예상된다.

이러한 주차앱은 주차장 위치 검색부터 주차 가능 여
부, 예약, 결제 서비스까지 원툴로 제공하며 주차 편의를 높여
준다. 초기의 주차 관련 모바일 서비스들은 단순히 주차장 위
치, 수용 가능 차량 수 등 업체가 취합한 정보를 일방적으로
제공하는 것에 지나지 않았다. 그러나 스마트폰 이용자가 많
아지고 GPS 기능을 활용하며 실시간 빈자리 알림이나 예약,
내비게이션 연동, 모바일 결제 서비스 등으로 발전했다. 특히

무료 주차장 정보는 물론, 상품 구매 시 일정 시간 주차해 둘 수 있는 조건부 무료 프로모션을 도입하며 호응을 얻었다.

이러한 기술 도입은 이용자에게만 혜택이 되는 게 아니다. 주차장 혹은 시설 운영자 입장에서도 빈 공간을 줄이고 탄력적으로 주차 비용을 부과함으로써 수익을 늘릴 수 있다. 특히 쇼핑몰 등은 자사 건물의 주차장이 만차 상태가 되었을 때, 가까운 주차장을 중개해 주고 주차비를 지원함으로써 방문 고객의 이탈을 최소화한다. 민간 주차장은 물론 도심의 사무용 건물도 주차장에 여유가 생기는 주말에 일반인을 대상으로 주차장을 개방함으로써 추가적인 수익 창출이 가능하다.

버려진 시간을 채우는 공간

과거 주차 사업은 부동산 소유주가 자신의 공간을 주차장으로 활용해 이익을 얻는 일종의 부수적인 사업이었다. 임대를 통한 주차장 수익은 부동산 소유주에게 주요한 사업이 아닌, 건물의 관리 영역에 가까웠다. 하지만 무인 주차 시스템 등 기술이 고도화되고 다른 사업과 연결되며, 주차 사업은 모빌리티의 시작과 끝이 되는 거점으로서 주목받고 있다.

과거엔 소유주가 직접 주차장을 운영하던 형태에서 전문 운영사로 효율성을 높이는 형태로 진화했다면, 이제 주차장은 플랫폼을 통해 그 효율을 극대화하는 형태로 한 차례 더 진화하고 있다. 향후엔 사업의 수직 계열화, 관련 서비스 확대, 그리고 주차 요금의 다양화를 중심으로 성장할 것이다.

우선 기존 사업자가 다른 기업을 인수하거나 전략적 제휴를 맺음으로써 주차장 사업의 수직 계열화가 예상된다. 무인 주차장을 운영하기 위해 필요한 설비와 이를 운영하는 관제 시스템, 직영 혹은 제휴의 주차장 운영 사업과 다양한 부가 서비스, 마지막으로 고객과 주차장을 연결하는 플랫폼까지 계열화되는 것이다.

현재 이러한 수직 계열화가 잘 이뤄지고 있는 대표적인 브랜드가 파킹클라우드다. 파킹클라우드는 직영과 제휴 주차장 운영권을 갖고 무인 주차 설비와 관련 시스템을 제공하는 동시에 아이파킹이라는 이름의 고객 플랫폼까지 제공한다. 수직 계열화를 통해 주차 사업 전반의 밸류 체인을 확보하고 규모를 확대하며, 제조 비용을 낮추고 통합 운영으로 주차장 간의 시너지를 만들고 있다.

두 번째로 주차장은 단순히 '차를 주차하는 공간'을 넘어 '주차 시간을 효율적으로 활용할 수 있는 공간'으로 도약할 것이다. 이러한 카애프터마켓Car After Market을 만들어 갈 다양한 서비스엔 전기차 충전 서비스, 차량 관리 서비스, 거점 서비스, 그리고 발렛 서비스가 있다.

특히 본격 전기차 시대가 도래하며 충전 사업과 주차

사업은 큰 시너지를 낼 것이다. 이미 일부 쇼핑몰에서 전기차 주차 구역을 만들어 고객이 쇼핑하는 동안 자차를 충전할 수 있도록 한다. 다만 향후 전기차 보급률을 고려할 때 이러한 방식은 충전기 부족이라는 고질적인 한계에 부딪치고, 나아가 주차 공간이 부족하다는 고객 불만으로 이어질 수 있다. 따라서 향후에는 충전 공간과 시간을 고객의 상황에 따라 유연하게 조정할 수 있는 서비스가 도입될 것으로 본다. 예를 들어 고객이 머무는 시간에 따라 충전 속도를 제어하거나 급속, 완속 등 충전 속도에 따라 주차 구역을 구분하는 등 충전 서비스가 여러 층위로 세밀해지는 것이다.

버려지던 시간을 활용해 차량 관리 서비스를 도입할 수도 있다. 지금도 세차나 경정비, 타이어 교체 등의 서비스를 제공하는 주차장이 있지만 이들은 대부분 대형 주차장 중에서도 소수에 불과하다. 향후 차량 관리 서비스는 더 다양해지고, 더 많은 곳에서 적용될 것이다. 예컨대 출장 세차나 출장 정비가 거주지뿐 아니라 상업 공간 등으로 확대되는 것이다.

또 주차장은 다른 모빌리티 서비스의 거점으로 활용된다. 카셰어링 및 킥보드 업체들에게 좋은 위치의 공간을 제공하면서 별도 수익을 얻는 동시에 다양한 데이터를 수집할 수 있다. 뿐만 아니라 택시 교대 거점으로서의 활용도도 높아질 것으로 보인다. 법인 택시의 경우 운전자 교대를 위해선 택시 차고지에 반드시 복귀해야 했지만, 2020년 6월부터 차고지 밖에서도 교대가 가능해지며 '차고지 밖 교대 거점'으로서 주차장이 활용될 것으로 기대된다.

아직은 미비하지만 발렛 파킹 역시 주차장 사업과의 시너지를 낼 수 있다. 현재도 일부 주차장에선 주차가 어렵거나 시간이 중요한 고객이 앱을 통해 발렛 파킹 사전 신청 서비스를 제공하고 있으며, 이 서비스는 향후 주차앱의 부가 서비스로 더 크게 어필할 것으로 보인다.

마지막으로 주차 요금이 다양해질 것이다. 현재 주차장 이용에선 월 주차 개념을 많이 쓴다. 주로 차량을 이용해 출퇴근하는 사람들이 월 단위로 주차장을 이용하며 요금을 내는 것이다. 이러한 서비스는 코로나19를 거치며 하이브리드 근무가 활발해짐에 따라 새로운 형태로 고도화되고 있다. 예를 들어 기존 월 정기 주차는 매달 1일부터 말일까지 고정된 형태로 운영됐으나, 재택근무가 늘고 주차장 이용률이 낮아지며 소비자 입장에선 월 정기 주차 비용을 고정적으로 지출하는 것이 부담스러워졌다. 이에 한 달 고정 상품이 아닌 횟수제 기반의 구독 모델, 예약 기반의 구독 모델 등 다양한 소비자 패턴을 수용하는 서비스들이 나올 것이다. 탄력 요금제도 예상할 수 있다. 주차 사업이 발달한 일본에서 이미 적용하고 있는 요금 모델로, 주차장 상황에 따라 장소와 시간대별로 요금 체계가 다르게 책정되는 것이다. 시공간에 따라 달라지는 주차 요금을 무인 시스템 기반으로 계산해, 소비자 입장에서 주차장 탐색부터 최종 요금 결제까지 쉽게 예약하고 이용할 수 있게 한다. 국내에서도 이런 탄력 요금제를 도입한 곳이 있지만 아직은 수기로 운영되는 상황이다. 이는 향후 디지털 전환을 거쳐 앱 기반 서비스로 진화할 것으로 보인다.

다른 역량, 다른 전략

현재 국내 주차 사업자는 크게 네 가지 그룹으로 분류된다. 첫 번째 그룹은 휴맥스 그룹으로 하이파킹, AJ파크, 휴맥스 팍스, 휴맥스 EV가 주축을 이룬다. 두 번째는 카카오모빌리티 그룹이다. 카카오모빌리티를 중심으로 출자사인 케이엠파킹앤스페이스와 케이엠파크, 그리고 GS파크24로 구성된다. 세 번째로 티맵모빌리티를 중심으로 한 연합 그룹이 있다. 티맵모빌리티, 다래파크텍, 파킹클라우드를 운영하는 SK E&S, SK쉴더스, 나이스파크 등이 주요 참여사다. 마지막은 쏘카 그룹으로 모두의주차장 및 롯데그룹을 중심으로 구성돼 있다. 각 그룹은 각기 가진 역량을 바탕으로 다른 전략을 펼치며 나아가고 있다.

① 휴맥스 그룹, 모빌리티 서비스의 허브

: 주차장 직영 + 주차장 활용과 효용에 집중

② 카카오모빌리티, 주차 사업 수직 계열화를 통한 사업 확대

: 플랫폼 중개 + 제휴 + 주차장 직영 + 설비 + 관제 솔루션

③ 티맵모빌리티, 티맵 생태계 구축

: 플랫폼 역할 + 제휴 확대 + 그룹사 연결

④ 쏘카, 슈퍼앱으로의 도약

: 플랫폼 중개 중심 + 카셰어링 거점 활용 + 롯데그룹 주차 자산 활용

휴맥스는 모빌리티 서비스의 허브 역할을 목표로 한다. 지난 2019년과 2021년 각각 하이파킹과 AJ파킹을 인수하며 주차 사업의 강자로 뛰어올랐다. 주차 사업과 카셰어링, 즉 렌터카 사업과의 시너지를 공략한다. 휴맥스는 도심 주요 거점의 주차 공간에서 렌터카 및 커뮤니티 기반 카셰어링 서비스를 제공한다. 또 주차 공간 내에서 정비, 세차, 충전 등 다양한 모빌리티 서비스를 결합하고 있다.

타사와 달리 휴맥스는 주차장의 활용성과 효율성을 높이는 전략을 펼친다. 이를 통해 수익성을 개선하고 안정적인 성장에 집중하는 것이다. 이미 하이파킹은 주차장에 주차하면 세차를 받을 수 있는 '하이케어' 서비스 운영을 확대하고

있으며 인천공항의 유일한 공식 주차 대행업체이기도 하다. 또 자동차 정비업체 카일이삼제스퍼Car123-Jasper를 통해 차량 경정비, 부품 교환, 세차 등과 같은 다양한 차량 관련 서비스를 제공할 것으로 생각된다.

카카오모빌리티는 택시와 대리운전에 이어 주차를 신성장 동력으로 삼고 진출하고 있다. 앞서 언급한 주차 사업의 모든 영역을 커버하며, 주차 사업의 수직 계열화를 이뤘다. 코엑스, 에버랜드, 서울대공원 등 몇몇 주차장을 직접 운영하기도 했고 최근엔 GS파크24를 인수하며 운영 사업을 강화하는 상황이다. 실리콘브릿지, 다온텍, 아마노 등과 협업 중이며 향후에는 수직 계열화를 이룬 사업 영역들을 효율화하기 위해 다양한 시도를 할 것으로 예상된다. 예를 들어 클라우드 기반 통합 주차 정보 시스템을 구축하고 콜센터를 통합해 비용을 절감하고, 거점이라는 강점을 활용해 충전, 세차, 경정비 등 운전자 대상 B2C 서비스는 물론 도심 물류의 거점으로도 발전할 수 있다.

티맵모빌리티는 반대로 플랫폼 역할에 집중한다. 주차장 사업의 후발 주자로서, 기존에 SK쉴더스와의 협업으로 사업을 진행했으나 최근 제휴를 확대해 그룹의 기존 역량을 활용하려는 모습이다. 지난 2021년 10월엔 한국주차설비공업협동조합과 손잡고 중소 주차장의 디지털 전환에 나서기도

했다. 전국 주차장의 70퍼센트가 중소 사업자인 시장에, 티맵은 직접 뛰어들기보단 상생을 기반으로 거점을 확대한다. 나이스파크, 한국공항공사 등과 손잡고 1300여 개가 넘는 제휴 주차장을 만든 바 있다. 이는 티맵 생태계 자체를 넓히겠단 전략으로 보인다. 또 그룹사가 보유한 주차 솔루션을 확대·연결하며, 주요 사업자로 거듭날 가능성도 기대된다. 최근엔 동성아이텍의 탄력 주차 기술을 티맵에 연동하는 기술 검증을 진행 중이다. 낮에 비어 있는 거주자 우선 주차장이나 유휴지 등을 티맵에서 확인하고 주차할 수 있는 시스템으로, 모두의 주차 혹은 한컴모빌리티와 유사한 방식으로 예상된다.

쏘카는 모두의주차장을 인수하며 공공기관 주차장을 활용한 플랫폼 중개를 중심으로 기존 사업과의 시너지를 모색하고 있다. 롯데 그룹과의 협업으로 다양한 서비스를 출시할 것으로도 기대된다. 특히 카셰어링 거점을 확대하고 이를 연계하는 방식으로 슈퍼앱 사업 중에서도 주차 사업의 비중을 늘릴 것이다. 쏘카는 지난 2021년 '스트리밍 모빌리티' 전략을 발표하며 단순 카셰어링을 넘어 종합 모빌리티 플랫폼으로 확대한다는 사업 방향을 밝혔고, 주차 사업 역시 그 일환으로 보인다.

에필로그　　　　이동의 흐름을 만들다

누적 사용자 100만 명을 모집하는 데 걸린 시간 단 5일. 과연 어떤 서비스일까? 바로 오픈AI의 챗GPT다. 택시 사업자 타다가 9개월에 걸쳐 누적 사용자 100만 명을 모집한 것과 비교하면 엄청난 성과가 아닐 수 없다. 향후 모빌리티 영역에도 챗GPT를 도입한 서비스가 대거 등장할 것으로 보인다. MaaS 영역에선 사용자의 목적과 시간, 경제적 조건에 따라 이동 경로나 수단을 추천하거나 매칭하고, 오늘의 일정을 말하면 알아서 적당한 이동 스케줄을 제안하는 방식이다. LaaS 영역에서도 비슷한 형태로 상품에 따른 적절한 이동 수단을 추천하고 매칭해 줄 것이다. 운전을 할 때도 교통 혼잡도, 운전 시간과 패턴 등에 따라 운전자에게 적당한 휴게소 안내, 휴식 권장, 말 동무와 같은 기능을 할 수 있다. 결국 이러한 서비스는 모두 이용자가 모빌리티를 더 잘 이용할 수 있도록 '나만의' 모빌리티 서비스 가이드를 제공하는 형태로 발전할 것이다.

결국 모빌리티에서도 챗GPT를 비롯해 핵심은 디지털 전환이다. 이에 각종 모빌리티 산업 간의 경계도 점점 허물어지고 있으며, '융합'이라는 핵심 가치로 나아가고 있다. 일례로 충전 사업과 주차 사업은 이제 하나의 사업 카테고리로 엮을 수 있을 만큼 꽤 큰 교집합을 보이고 있다. 향후 전기차가 대중화되면 '주차장'이라는 장소는 곧 '충전을 하는 장소'로 인식되며 충전 및 주차 요금을 한 번에 결제하는 서비스가 도입될 것이다. 또 주차 패턴에 따라 충전 속도를 정하는 주차장들도 나타날 것이다.

융합에 필요한 핵심은 데이터다. 충전, 주차 사업 등에서 데이터가 활용되며 새로운 서비스를 만들어 낼 수 있다. 예컨대 자주 가는 쇼핑몰에서 내가 평균적으로 2시간 30분을 머문다면, 주차장에선 이 데이터를 기반으로 내게 가장 적합한 속도의 충전 서비스를 제공하는 것이다.

융합은 비단 주차-충전 영역만의 것이 아니다. 로봇-충전의 관점에서 로봇을 이용해 차량 위치와 상관없이 자동으로 충전할 수 있는 이동 로봇 충전 서비스, MaaS-주차 관점에서 탑승 거점인 주차장에서의 서비스 등을 즐길 수 있다. 다만 이 과정이 쉽지는 않을 것이다. 각 사업별 이용 고객층과 서비스가 발생하는 장소, 서비스를 만드는 사람의 사고 등이 각 산업의 속성에 따라 모두 다르기 때문이다. 다른 산업과 융화하기 위해선 상대 산업에 대한 분석과 이해가 필요하다. 즉 물리적인 결합은 비교적 쉽지만 유의미한 사업 성과를 만들기 위한 화학적 결합을 완성하기까진 많은 노력이 필요하다.

융합의 흐름은 이미 글로벌 모빌리티 시장에서 잘 드러나고 있다. 우버, 리프트, 디디, 올라 및 그랩과 같은 대표 사업자들은 모두 전통적인 운송 서비스를 탈피해 훨씬 편리하고 효율적인 이동 옵션을 제공하고자 한다. 승차 호출, 배달, 차

국내 모빌리티 산업 지도

Vehicle&Tech	충전&주차	오토 라이프	Laas(물류)
자동차/부품 제조	충전(주차) 플랫폼	오토 거래 플랫폼	화물 운송 서비스
이륜/킥보드 제조	충전(주차) 운영	파이낸싱 플랫폼 (금융, 보험)	운송/물류 지원 솔루션
OTA 서비스 (연결 기반)	충전기(주차) 제조	내비게이션 (지도, 내비 등)	라스트 마일 딜리버리
디바이스 기술	충전(주차) 특화 서비스	유지보수 플랫폼	운송 중개 플랫폼

Maas(여객)	배터리/에너지	자율 주행	미래 이동
여객 호출/공유 플랫폼 (택시호출, 예약 등)	배터리 제조/활용	자율 주행 기술 (인지, 판단, 제어)	UAM
이동 대행 서비스 플랫폼	Baas (배터리 서비스, Swap)	스마트 환경 기술 (도시 교통 인프라)	로봇
여객 운송 서비스 (택시, 버스 등)	에너지 관리 서비스	자율 주행 서비스 플랫폼	드론
마이크로 모빌리티 (킥보드, 자전거)	에너지 거래 서비스	-	자율 주행 차량

량 공유, 심지어 자율 주행 차량 제공과 같은 새로운 영역으로 확장 및 융합되고 있다. 이를 통해 사람 혹은 사물의 이동에 있어 완벽하게 융합된 한 흐름으로서의 경험을 고객에게 제공하는 것이다.

왼쪽의 국내 모빌리티 산업 지도에선 각 사업 영역을 구분하지만, 결국엔 각 사업 간 융합으로 새로운 사업 영역이 개척될 것이다. 즉 미래 모빌리티 사업은 단순히 기술만, 생산만, 서비스만, 연결만을 하는 형태가 아니며 자동차만을 주차만을 MaaS만을 LaaS만을 사업하는 형태가 아닐 것이다. 모빌리티라는 공통분모 안에서 서로의 밸류 체인을 넘나들며 발전할 것이다. 각 산업의 특징과 장단을 이해함으로써 이 책이 독자분들에게 새로운 모빌리티 시대를 준비하는 바탕이 되었으면 한다.

마지막으로 집필에 도움을 주신 많은 분들께 감사드린다. 특히 모빌리티 네트워크 '모네'에 참여하고 있는 분들과 함께 지식을 공유하고 토론함으로써 책을 구성할 때 큰 도움을 얻었다. 모네 멤버분들의 지지와 응원이 없었다면 이 책은 만들어지지 못했을 것이다. 그러기에 이 책을 통해 전하는 일부의 지식이, 모빌리티 생태계를 개선하고 누구나 접근하기 쉬운 세상을 만드는 데 도움이 되기를 바란다.

주

1 _ KPMG, 〈벤처 캐피털 투자로 본 미래 모빌리티 시장〉, 2021.

2 _ 〈2019년 생활시간조사 결과〉, 통계청, 2020.7.30.

3 _ 채명석, 〈'닌텐도' 게임 불티때 '나이키' 신발 죽쒀?〉, 《아시아경제》, 2008.10.9.

4 _ 자세한 사항은 여객자동차 운수사업법률 및 시행규칙을 통해 찾을 수 있으며 자동차의 종류 및 운행 형태는 관련법에 의해 규정되고 있다.

5 _ 조한무, 〈렌터카시장은 성장, 중소업체는 소멸하고 있다〉, 중기이코노미, 2018.4.17.

6 _ 부가가치세법 제12조 제3항에 의거.

7 _ 〈2017 카카오모빌리티 리포트〉, 카카오모빌리티, 2017.11.17., 19쪽.

8 _ 〈카카오택시 효용가치 보고서〉, 카카오모빌리티 디지털경제연구소, 2016.6.30.

9 _ 이호신, 〈택시모빌리티 플랫폼〉, 《ASTI MARKET INSIGHT》, 한국과학기술정보연구원, 2021.

10 _ 〈운수업조사 – 시도별/산업별 총괄〉, 통계청, 2020년.

11 _ 정호윤, 〈심층분석: 국내 모빌리티 산업〉, 한국투자증권, 2020.1.21.

12 _ 〈전국택시 대수 현황〉, 전국개인택시운송사업조합연합회, 2022.9.30.

13 _ 김영주 · 이혜연, 〈서울 택시 리포트〉, 티머니 · 서울특별시, 2019.12.31.

14 _ 법인 택시에 해당하는 사항으로, 기사가 하루 매출의 일부(통상 14~20만 원)를 택시 법인에게 납부하고 초과금을 가져간다. 현재 현행법에선 불법이다.

15 _ 박웅원 · 김명희, 〈법인 택시의 안전 운전 취약 요인 및 관련 제도 분석〉, 《교통기술

과 정책》10권 2호, 대한교통학회, 2013.

16 _ 강상욱, 〈스마트폰 앱 기반 택시산업 현황 조사 및 시사점〉, 한국교통연구원, 2015.12.31.

17 _ 윤진우, 〈[단독] 법인택시 10대 중 4대 카카오택시… 앱 호출 95% '독점'〉,《조선비즈》, 2022.10.20.

18 _ 김세관, 〈최근 3년간 전동킥보드 사고 2.5배↑···"최고속도 기준 내려야"〉,《머니투데이》, 2022.3.27.

19 _ 박현진, 〈지역 내 퍼스널 모빌리티 활용 활성화를 위한 국내외 운영 현황 조사분석 P9〉, 서울시 성동구청 구정연구기획단, 2019.4.2.

20 _ 자동차관리법에 따르면 마이크로 이동 디바이스는 25km/h 이하인 경우, 별도 사용 신고나 번호판 부착, 안전 기준 등을 충족하지 않아도 된다. 하지만 전기용품및생활안전관리법에 따라 '안전확인대상생활용품의 안전기준'에 적합한 것임을 확인 후 그 사실을 산업통상자원부 장관에게 신고해야 한다.

21 _ 강주헌, 〈[단독] 서울시 전동킥보드 견인료 누적 3억…비용 부담은 업체 몫, 왜?〉,《머니투데이》, 2021.10.18.

22 _ 이정훈, 〈전동 킥보드 규제 강화 1년, 한국에서 짐 싸는 글로벌 기업들〉,《매거진한경》, 2022.7.15.

23 _ 여성국, 〈킥보드→전기자전거, 마이크로 모빌리티 판이 바뀐다〉,《중앙일보》, 2022.8.9.

24 _ 신인식, 〈Part 1. 유망산업이라는 '물류', 아직도 찬밥?〉,《물류신문》, 2022.2.10.

25 _〈국내 택배시장 매출액 추이〉, 국가물류통합정보센터, 2021.

26 _〈온라인쇼핑몰 판매매체별/상품군별거래액〉, 통계청, 2022년 12월 검색.

27 _ 배동주, 〈"뭐가 이득인지 모르겠다"…쿠팡이츠 수수료 개편에 식당 사장님 대혼란〉, 《조선일보》, 2022.1.5.

28 _ 전혜원, 〈입맛 뚝 떨어지는 배달 앱 수수료의 진실〉, 《시사IN》, 2022.5.6.

29 _ 〈2020 배달대행 운전자 보고서〉, 한국교통연구원, 2021.3.

30 _ 김채영, 〈'배달민국' 12년사…'배달앱 오징어 게임'에서 생존하는 법〉, 《이코노미스트》, 2021.1.1.

31 _ 이미영, 〈[배달을 바꾸다⑯] 비싼 배달 수수료, 결국 소비자 피해로?〉, 〈경기도뉴스포털〉, 2021.2.19.

32 _ 참고로 딜로이트는 충전 시장을 공급 및 송전, 하드웨어, 소프트웨어, 서비스 네 가지로 분류하고 있으며 맥킨지앤컴퍼니는 전기차, 전기차 충전 인프라, 시스템 · 데이터 관리의 총 세 개 영역으로 분류했다.

33 _ AC단상 5핀(완속), AC 3상 7핀(급속/완속), DC차데모 10핀(급속), DC콤보 7핀(급속)로 나뉜다.

34 _ 윤보람, 〈전기차 정부지원금 10년간 3.8조원 썼지만 충전 인프라 태부족〉, 《연합뉴스》, 2021.10.3.

북저널리즘 인사이드   이동이 모든 것을
                                        바꾼다

마트에서 장 보는 것으로 주말 저녁을 마무리하던 시대는 저물었다. 어젯밤 주문한 생수가 오늘 새벽 현관문 앞에 도착해 있다. 중식집에 전화해 짜장면을 시켜 먹으며 기분 내던 것도 까마득하다. 퇴근하며 배달시킨 메뉴가 나보다 먼저 집 앞에 도착한다. 모빌리티 플랫폼과 디바이스의 발달로 새벽 배송과 총알 배달은 어느새 수도권 한국인의 당연한 일상이 됐다.

빨라진 건 물건만이 아니다. 사람도 마찬가지다. 차량에 탑재된 내비게이션은 운전자와 한 팀이 되어 시간 단축이라는 최정상의 목표를 달성한다. 전동 킥보드와 자전거라는 새로운 자가용의 등장은 사람들에게 보행과 운전 그 중간의 속도를 처음으로 경험하게 했다.

모빌리티는 이제 속도 경쟁을 넘어 다음 스텝으로 가고 있다. 도시, 워크, 관광, 물류 등 다양한 산업과 협업하며 일상의 빈틈을 채운다. 네이버 사옥 1784는 로봇 친화형 빌딩으로 '융합형 미래 오피스'를 내세우고, 자율 주행 스타트업 라이드플럭스는 '탐라자율차'를 도입해 제주를 찾은 여행객들이 공항과 관광지와 숙소를 운전 없이 이동할 수 있게 했다. 애플 지도는 주차앱 스팟히어로와 손잡고 지도에서 주차장을 검색하는 서비스를 론칭했다. 우버는 푸드-모빌리티 통합 시스템인 고겟Go, Get을 출시하며 음식 배달부터 식당 예약, 이제는 통합 커머스 플랫폼까지 확장한다. '자동차 산업'이 독자적으로 존재하던 과거와 달리, '이동성mobility'은 하나의 고유 명사이자 서비스가 되어 수많은 산업에 새 숨을 불어넣고 있다.

이동의 본질은 연결이다. 한 거점만으로 시장을 장악하기 어렵다. 즉, 모빌리티 시장에서 배달, 배송, PM, 택시 등 단독 사업의 수익성보다 중요한 것은 그 모든 흐름을 잇는 물류망을 선점하는 것이다. 카카오는 아날로그 방식에 멈춰 있던 화물 산업에 뛰어들었고 현대차는 자율 주행 스타트업 포티투닷을 인수하며 신사업 분야를 공격적으로 확장한다. 이동은 점이 아닌 선이라는 본질 속에서 모빌리티는 시공간을 잇고 있다.

그렇기에 저자는 융합을 말한다. 모빌리티 생태계엔 거대한 지각 변동이 일어나는 중이다. 결국 산업 간 경계는 흐려진다. 미래의 융합에 대비하는 핵심은 아이러니하게도 현재의 각 산업이 어떻게 분절적으로 작동하는지 아는 것이다. 각 산업의 특징과 범위, 규제를 알 때 어떤 제도를 이용함으로써 리스크를 최소화할 수 있는지, 어떤 산업과 만났을 때 시너지가 극대화되는지 알 수 있다. 결국 경계에 대한 정확한 분석은 생태계를 읽는 초석이 된다.

시간은 돈으로 살 수 없다는 말은 힘을 잃고 있다. 거리와 시간을 단축하는 첨단 기술이 등장해 왔다. 일상의 많은 분야는 모빌리티를 만나며 잠재력을 극단으로 끌어올리고 있다. 만남과 이동을 책임지는 모빌리티의 현재를 읽을 때 미래 사회가 보인다. 이동하는 모든 것이 바뀌고 있고, 이동이 모든 것을 바꾸고 있다.

이다혜 에디터